Traverser nos fragilités

Imprimé en France *Printed in France*
ISBN 2-7082-3881-7

Bernard Ugeux

Traverser nos fragilités

LES EDITIONS DE L'ATELIER

Les Editions Ouvrières
51-55 rue Hoche
94200 Ivry-sur-Seine

À toutes les personnes souffrantes, pour ceux et celles qui s'efforcent de les rejoindre du cœur de leur propre expérience de la fragilité.

« Dieu mon Seigneur m'a donné le langage d'un homme qui se laisse instruire,
Pour que je sache à mon tour réconforter celui qui n'en peut plus.
La Parole me réveille chaque matin, chaque matin elle me réveille
Pour que j'écoute comme celui qui se laisse instruire. »

Isaïe 50, 4-5

Avant-propos

Accueillir la fragilité... La sienne, celle des autres. De ceux qui nous la montrent, nous la confient. De celle, celui qui la cache ou qui en a honte mais que nous devinons parce que nous sommes proches de lui.

Accueillir notre propre fragilité. Donc la reconnaître, ne pas la nier ni la fuir, ni faire semblant d'être plus fort. Mais essayer de l'apprivoiser, de ne pas la juger ni de la craindre, mais de l'identifier, peut-être même de la nommer. « Traverser la fragilité », ne pas s'y enfermer mais parcourir un exode, sachant qu'on ne s'en libère jamais totalement... « Vivre avec » non pas avec une tare mais une limite et une chance à la fois. Car notre fragilité est aussi une brèche qui peut nous ouvrir à l'autre, quand elle ne nous enferme pas sur nous-même. Elle nous révèle alors que, de par notre humanité, nous ne pouvons pas nous en sortir seul. Elle peut aussi être une invitation à aller à la rencontre de la fragilité de notre semblable.

Reconnaître sa fragilité

Reconnaître sa fragilité, c'est aussi se découvrir des antennes... Pour anticiper toute menace... ou pour pressentir sur le visage de l'autre une attente silencieuse, une souffrance muette. Reconnaître notre fragilité – nous en avons tous – est sans doute la condition pour accueillir celle de l'autre. Celui, celle qui se croit sans fragilité peut-il écouter avec son cœur ? Est-il en contact avec ses profondeurs, là où nous sommes un mélange de lumière et d'obscurité, de force et de faiblesse ? Dans une société insécurisée, fascinée par la toute-puissance, en soi-même ou chez les autres, comment reconnaître sa part de fragilité comme une grâce pour l'accueil et la rencontre ?

Pourtant, il ne faut pas idéaliser la fragilité. Certaines sont vécues comme des prisons, des handicaps indépassables, des obstacles insurmontables à la communication. Dans ce cas, elles apparaissent moins comme une chance que comme un enfermement mortifère et il nous faut faire tout ce qui dépend de nous pour en guérir ou pour grandir en liberté intérieure...

Évoquer la fragilité, c'est pointer tout ce qui, dans notre vie, menace notre intégrité et notre équilibre, notre autonomie et notre capacité d'entreprendre ou de communiquer. La fragilité concerne toutes les limitations de notre corps, de notre psychisme, de nos capacités relationnelles, de notre vie spirituelle, de notre manière d'être au monde, que nous subissons comme un empêchement à goûter et à vivre pleinement notre vie. Pourtant, nous le verrons, il faut se garder de confondre perfection et sainteté et de chercher à vivre une existence sans limitation.

Garder une juste distance

Quand nous sommes en situation d'aide, surtout auprès de personnes qui nous sont proches, il est difficile de garder la juste distance, de nous laisser toucher sans nous laisser envahir, ou sans nous exposer à sombrer à cause de nos fragilités personnelles non identifiées ou assumées. En effet, la fragilité de l'autre est un miroir de la nôtre. C'est pourquoi nous nous protégeons des personnes en grande fragilité. L'expérience de la souffrance d'un proche peut représenter la rencontre inéluctable avec le mal et le malheur à l'œuvre dans le monde et dans notre propre vie. Cette révélation peut être insupportable.

Pourtant, l'expérience de notre propre fragilité, quand elle est vécue avec justesse – et il est bon parfois de se faire accompagner – peut devenir le lieu du dévoilement de notre propre vérité : nous sommes, nous aussi, des êtres mortels et fragiles, exposés au vieillissement et à la souffrance ainsi qu'à des limites dont nous avons parfois hérité. Mais aussi, quand nous accompagnons quelqu'un de fragile, nous pouvons découvrir en nous, avec surprise et même émerveillement, des trésors de compassion, de tendresse, d'écoute, de dépassement insoupçonnés. Le face-à-face avec la souffrance de l'autre peut être la révélation douloureuse que nous sommes des êtres destinés à mourir, mais également que nous avons été créés pour l'amour et pour la fécondité, au-delà de nos propres fragilités, je dirais même : souvent grâce à notre fragilité. Ce qui apparaît au premier abord comme une menace pour notre équilibre et notre intégrité devient alors la révélation de notre identité profonde. Nous avons été créés pour aimer et notre fragilité est bien souvent ce qui nous rend capables d'aimer. Car aimer, c'est être habité, c'est se laisser visiter, ouvrir un espace pour l'autre, ce qui n'est possible que s'il existe en nous une béance, une incomplétude, une faille.

Trouver une guérison en Dieu

Comment est-il possible pour un chrétien de porter de façon féconde l'épreuve de la fragilité en lui-même ou en l'autre s'il n'a pas, dans nombre de cas, restauré une relation filiale avec son Dieu ? *C'est la première guérison dont nous avons bien souvent besoin : celle de nos représentations de Dieu.* Tant que nous restons dans la peur d'être jugés et rejetés par Lui, dans la culpabilité morbide de faiblesses qui n'ont pas toujours dépendu de notre volonté propre (et qui ne sont donc pas des péchés), tant que nous pensons devoir mériter la grâce, nous ne pouvons pas nous considérer comme des enfants bien-aimés. Or, la grâce est toujours donnée, comme le soleil se lève tous les matins. Et Dieu fait pleuvoir sur les justes et sur les injustes. Il ne nous enferme jamais dans notre mal ou notre faute.

Nous vivons dans une société où la faiblesse est vécue comme une faute. Les soignants connaissent bien la culpabilité qui envahit une personne quand elle est obligée de se faire aider.

C'est pourquoi le regard chrétien sur le plus fragile reste une bonne nouvelle pour aujourd'hui. Le plus petit et le plus pauvre sont les privilégiés. Il n'y a rien à mériter et le christianisme juge une civilisation sur la façon dont elle traite les plus faibles.

Est-il possible de (re)choisir la vie du fond de l'obscurité et de la pauvreté si nous n'arrivons pas à nous recevoir de notre Dieu comme un enfant bien-aimé ? N'est-ce pas – dans un grand nombre de cas – à cause du regard négatif que nous posons sur nous-même que nous n'arrivons pas à nous laisser aimer ? Nous le verrons, à proprement parler, personne ne peut faire le bonheur de l'autre, pas plus notre Dieu – dans sa « toute-puissance » – que chacun d'entre nous. Car ce qui ne dépend pas de ceux qui nous aiment, c'est la façon dont nous nous laissons aimer, dont nous accueillons l'amour qui nous est offert. Comme il est difficile d'y croire, de le reconnaître et de l'accueillir lorsque l'on se sent abandonné de Dieu et de tous ! Ce sentiment d'abandon peut provenir de blessures anciennes qui nous empêchent pour le moment de nous laisser aimer. Mais il ne dépend que de nous de cesser de nous replier sur nous-mêmes et d'exiger des autres de faire notre bonheur, en multipliant les conditions pour consentir à nous laisser aimer. Simone Pacot a raison de poser cette question : « Qu'as-tu fait de ce qu'on t'a fait ? » C'est alors qu'il est bon d'accueillir la parole de Jésus à la Samaritaine : « Si tu savais le don de Dieu et quel est celui à qui tu demandes à boire... » (Jean 4, 10).

Destinataires et buts de cet ouvrage

Ces réflexions sont consacrées à tous ceux et celles qui, prenant conscience de leur fragilité, s'efforcent, parfois difficilement, de les apprivoiser, de les traverser... Elles concernent aussi particulièrement ceux et celles qui sont exposés à la fragilité des autres : aumôniers d'hôpitaux, soignants, accompagnateurs de malades, de couples en crise, de personnes en difficulté professionnelle, parents d'enfants avec un handicap, enfants chargés de parents âgés... Elles ont été écrites à partir de l'expérience de ma propre fragilité et de celle des hommes et des femmes qui se sont confiés à moi. Elles visent à aider à vivre cette responsabilité de façon plus féconde, plus paisible, plus autonome, sans éluder les graves questions qui montent en nous quand nous sommes exposés à la souffrance et appelés à accueillir la fragilité de façon juste, en tant que chrétiens.

Ce livre n'a pas la prétention d'apporter des solutions définitives à ce qui relève aussi du mystère de la vocation humaine et du projet de Dieu pour l'humanité. Mais il se propose d'opérer un certain « déminage » dans une mémoire collective encore encombrée de « caricatures » du christianisme très éloignées de la Bonne Nouvelle de l'Évangile. Quand une personne traverse une épreuve grave, son premier cri est souvent : « Qu'ai-je fait à Dieu ?... » Surgissent alors de son entourage les discours convenus sur la nécessité « d'accepter la volonté de Dieu » : « Dieu qui est tout-puissant vous donnera la solution. » Certains précisent : « Le Seigneur nous envoie des croix pour nous faire grandir dans la foi », tandis que d'autres affirment : « Il suffit d'avoir la foi pour être guéri. » Sans oublier les considérations sur la nécessité de la souffrance et de la croix pour être sauvés de nos péchés, et la part à payer pour obtenir le pardon... Que penser de ces affirmations où le sens de la souffrance semble soudain si évident ? Que de contentieux entre Dieu et l'homme, y compris le chrétien lorsque l'épreuve fait irruption ! Je ne propose donc pas un traité sur l'accompagnement, mais plutôt une réflexion sur les questions existentielles, spirituelles et théologiques auxquelles ceux et celles qui souffrent et ceux et celles qui accompagnent ou servent des personnes fragiles sont exposé(e)s tôt ou tard.

Un ami, le Frère Jacques, me disait récemment : « La Bible commence par une première parole de l'homme à Dieu : « Je me suis caché parce que j'avais peur » (Adam, dans Genèse 3, 9-10) et se termine par une dernière : « Oui, viens Seigneur Jésus ! » (Apocalypse 22, 20). »

Lumière de Pâques

Tu es descendu aux enfers,
Dans nos lieux infernaux,
Dans nos obscurités, nos ténèbres,
Là où nous maudissons la nuit.

Les enfers de nos peurs, de nos doutes, de nos impuissances;
De nos ruptures d'amour, de nos échecs,
De nos insécurités et de nos fragilités,

Nos peurs... peur de ne plus exister, peur de disparaître,
Peur d'être rejeté, de ne plus être aimé, de ne plus être estimé...
Peur du néant, de la souffrance...

Tu es descendu dans nos lieux ténébreux
Pour nous prendre par le poignet
Et nous arracher à nos complaisances avec la mort...

Tu nous entraînes vers ta lumière,
Vers Toi, Lumière,

En nous criant: « Viens, n'aie pas peur,
Laisse-toi aimer. »

Tu nous inondes de lumière pascale et de paisible confiance:
« J'ai tout assumé de votre péché,
Tout est accompli de votre espérance. »

« Lazare, sors dehors ! »
C'est à chacun de nous que tu lances cet appel...

Le coup de talon au fond du bassin,
Le jaillissement de lumière et de souffle,
Renaissance d'eau, d'air, et puis de feu,

Avec le cierge pascal, cierge du baptême...

Tout est consommé, tout est à nouveau possible.

Et tu nous redis avec insistance et tendresse:
« S'il te plaît, laisse-toi aimer... vraiment !

Et puis, à ton tour, va aimer, vraiment,
Comme j'ai aimé
En puisant dans le cœur de mon Père,
En accueillant le souffle de l'Esprit
Qui fait renaître... »

Que je respire le Souffle que tu as insufflé
À tes apôtres, ce jour de Pâques.

Que je croie !
Sois ma lumière...

Introduction

Un chemin personnel de vulnérabilité

L'accueil de la fragilité est au cœur de mon itinéraire spirituel et de mon ministère sacerdotal et missionnaire. Au terme de mes études secondaires, j'ai hésité entre devenir prêtre ou médecin au service de l'Afrique. Ce dernier désir m'a rattrapé : je suis de plus en plus investi dans les questions de santé et dans l'accompagnement spirituel.

Dans mon travail missionnaire – je suis arrivé au Zaïre pour la première fois en 1971 [1] –, ce qui m'a frappé d'emblée, c'est la fragilité, la souffrance, l'isolement des personnes accusées de sorcellerie ou, plus tard, marquées par la séropositivité et mises au ban de la société. Peu à peu, je me suis intéressé au lien entre la spiritualité et la santé, l'évangélisation et la guérison, dont j'ai découvert l'importance en Afrique, puis dans le Renouveau charismatique que mon évêque m'a demandé d'accompagner.

En 1992, je me suis engagé dans la formation et l'accompagnement des aumôniers évoluant dans le monde de la santé en France. J'ai ainsi été sollicité par des professionnels de différents niveaux et j'ai assuré la formation des assistants sociaux de la Croix-Rouge aussi bien que la préparation aux diplômes de spécialisation en médecine (DIU) ou à celui des écoles d'infirmières

1. J'ai travaillé comme missionnaire d'Afrique (Père Blanc) durant quatorze ans en ex-Zaïre et en Tanzanie.

(IFSI). J'ai ainsi pu approcher une grande diversité de milieux, en parallèle avec mon propre travail d'accompagnement spirituel.

Traverser nos fragilités

Le titre de ce livre m'a été inspiré par une formation donnée en France à des aumôniers d'hôpitaux de la Région Centre-Est. Les responsables m'avaient demandé de parler de l'expérience de la fragilité et de la réponse chrétienne. Certes, quand on aborde la fragilité, il faut s'y aventurer avec ce que Maurice Bellet appelle « la divine douceur ». Nous ne pouvons l'approcher que sur la pointe des pieds, d'abord, parce que la fragilité que nous rencontrons chez les autres est aussi celle qui est en nous, la première que nous avons expérimentée. Ensuite, parce que l'expérience de la fragilité peut être autant un moment de grâce qu'une confrontation insupportable à la souffrance et au mal. Rencontrer la fragilité des autres nous renvoie à la nôtre et au mystère de l'être humain. Quelle audace que d'aller vers les autres, fragiles comme nous sommes, pour leur parler de Quelqu'un qui a transformé nos fragilités en lumière, en espérance, et qui semble parfois si silencieux, discret, absent même, alors qu'Il est dit tout-puissant.

J'aime distinguer la vulnérabilité de la fragilité, dans une relation d'aide ou de soin. Oser se montrer vulnérable, c'est oser s'exposer... C'est prendre le risque d'être atteint, blessé, voire déstabilisé par la souffrance de l'autre, par sa fragilité, qui renvoie à la nôtre. Lorsque l'on ose être et se montrer vulnérable, les autres osent exposer leur fragilité et solliciter la compassion. Certains profiteront de la vulnérabilité qui s'offre pour faire mal, régler des comptes, peut-être à cause de blessures qui sont en eux... D'autres, de façon plus ou moins perverse, ou désespérée peut-être, voudront vérifier jusqu'où notre vulnérabilité consent à n'être que compassion, écoute, accueil.

Pour oser être vulnérable, il faut avoir été soi-même blessé sans avoir été détruit, avoir été atteint au défaut de la cuirasse, avoir été déchiré sans que la béance ne se soit définitivement refermée, durcie. Pour pouvoir être vulnérable, il faut être fort, fort dans le sens de « construit intérieurement ». Cette construction intérieure ne peut se faire qu'à travers le chemin du pardon et grâce à l'apprentissage du consentement à se laisser aimer. Ne comptant plus sur moi-même, conscient de mon incapacité d'aimer quand je suis blessé, confronté à mes résistances intérieures par rapport au pardon, tenté de me replier sur mes blessures et mes limites, heureux suis-je si, acceptant de me laisser aimer, je me laisse guérir grâce à la proximité des autres, d'un Autre, qui m'aime et m'accueille avec mes fragilités, sans jugement... comme je suis.

Alors, du cœur de ma fragilité reconnue et acceptée, sourd une force, une capacité d'accueillir la fragilité, la misère même des autres avec tendresse, en me laissant toucher, mais sans me laisser envahir ou détruire. Fort d'une puissance d'amour et de compassion qui ne vient pas de moi, je peux écouter et accueillir. Ayant trouvé la « distance juste », je suis à la fois assez fragile et assez fort pour être et me montrer vulnérable. Aimer jusqu'à oser être vulnérable, c'est aimer comme le Christ nous a aimés. La seule façon de ne pas en faire un masochisme ou de ne pas surestimer nos forces, car elles ne viennent pas de nous, c'est de puiser au quotidien dans son cœur à Lui la force et l'audace d'être vulnérable.

Une aventure œcuménique

Cette démarche ne peut être vécue par un chrétien qu'en lien avec une communauté. J'ai le privilège, depuis une demi-douzaine d'années, de travailler avec le Conseil œcuménique des Églises (COE) sur le rapport entre mission, évangélisation et guérison. De plus en plus, face au monde brisé dans lequel nous vivons, les Églises chrétiennes s'interrogent sur la façon d'annoncer un Christ crucifié comme une réponse à la souffrance des peuples et des personnes. Dans leur réflexion, elles mettent particulièrement l'accent sur deux dimensions : l'évangélisation ne peut être menée désormais que du cœur de communautés de guérison et de réconciliation. Ensuite, parler de guérison et de réconciliation aujourd'hui concerne la personne dans toutes ses dimensions, l'être humain et les sociétés dans leur intégralité. L'individu souffrant, les sociétés et les cultures en douloureuses mutations sont concernés au même titre. Toute parole de consolation doit être accompagnée par un acte en vue de la libération des causes de l'asservissement de l'être humain à des structures mondiales et locales injustes. C'est dans ce sens qu'il est question d'une approche « holistique[2] » de la guérison et du salut.

« Transforme le monde, Dieu, dans ta grâce. » Le thème de la neuvième Assemblée mondiale du COE, à Porto Alegre en mai 2006, nous dit que seul Dieu peut transformer notre monde blessé, par sa grâce. De même qu'il est à l'origine de l'univers et de la vie, la mission de l'Église est le fruit du débordement de son amour. C'est lui qui, en Jésus-Christ, est venu à notre secours pour nous guérir et nous réconcilier. La mission naît du cœur de Dieu, et cela à chaque instant. Elle n'est pas née d'une initiative du Christ qui aurait souhaité que son œuvre se poursuive, ni des besoins des individus. Elle est née du cœur du Père lui-même dont l'amour ne peut pas ne pas se communiquer, car il *est* Amour. On lit en Jean 20, 22 : « Comme le Père m'a envoyé, moi aussi je vous envoie. Demeurez dans mon amour. » L'initiative vient de Dieu et le Christ nous la confie à son tour. C'est de ce premier envoi du Christ par le Père que découlent les envois en mission par le Ressuscité dans les Évangiles[3].

Dieu s'est rendu extraordinairement vulnérable en remettant l'humanité et la Création entre les mains d'hommes pécheurs et fragiles. Ce n'est donc que *par sa grâce* que l'Église peut participer à cette mission qui est au-dessus de ses forces. *Participer*, car l'Esprit est toujours déjà à l'œuvre dans les cœurs et dans le monde à travers les cultures et les religions. *Participer*, c'est-à-

2. Cet adjectif vient du grec *holos* : entier, intégral. Il s'agit de la même racine que dans « catholique ».
3. *Cf.* Matthieu 28, 16-20, Marc 16, 15-18.

dire aussi prendre toute la part qui dépend de nous à l'évangélisation, en aimant jusqu'au bout dans des communautés de guérison et de réconciliation.

L'Église est donc appelée à être humble, vulnérable et audacieuse. Après des périodes de succès missionnaires – souvent liés à des conquêtes coloniales –, elle a fait l'expérience de sa fragilité. Aujourd'hui, nous sommes arrivés à un tournant de l'histoire où la dignité de l'homme est particulièrement menacée. La blessure profonde de notre humanité a pris une grande diversité de visages. Cela est apparu clairement lors de la rencontre du COE à Athènes à la Pentecôte 2005 sur ce sujet. Les Églises sont appelées à avoir une approche « holistique » des blessures du monde – sur les plans personnel, social, médical, économique, politique, écologique – qui les interpellent dans leur capacité de répondre à de tels défis dans leur diversité et leur gravité. Il s'agit donc de vivre un ministère œcuménique de guérison et de réconciliation.

En Jésus Christ, notre Dieu[4] a privilégié les pauvres et les exclus ; pour lui, chaque être humain est une histoire sacrée. Jésus a étroitement associé l'annonce de la Bonne Nouvelle et les pratiques de guérison. Il a ainsi révélé que le Royaume était déjà là et que son salut concernait la personne dans toutes ses dimensions : spirituelle, corporelle, psychique, sociale, relationnelle, cosmique. Cette guérison holistique réintégrait le lépreux, chassait Satan et calmait la tempête.

En outre, c'est en tant que communauté de frères et de sœurs que Jésus a envoyé ses disciples poursuivre son œuvre de salut et de guérison. Devant le mystère de la souffrance, nous sommes tous à égalité dans notre pauvreté et notre espérance. C'est pourquoi, dès les origines du christianisme, dans les premières communautés, la priorité a été donnée au pauvre et au malade, considérés autant spirituellement que corporellement. Le soin des malades et les guérisons ont accompagné l'évangélisation depuis

---

4. J'emploierai parfois l'expression « notre Dieu ». Elle signifie : le Dieu qui nous est proche. Il ne s'agit donc pas d'une comparaison – ou d'une opposition – avec la vision de Dieu dans d'autres traditions religieuses.

les débuts de la mission. Cette diaconie s'est exprimée à travers la compassion, l'éducation, le soin, la solidarité et la prière. Plus récemment, nous avons mieux compris que l'Église était appelée à aller plus loin, c'est-à-dire non seulement à prendre soin des blessés de la vie, à la suite d'un système mondial de plus en plus injuste, mais aussi à se battre contre les causes sociales, économiques et politiques de ces blessures, dans un engagement pour la justice, la paix et l'intégrité de la Création.

Un chemin de réflexion

Je voudrais préciser d'emblée quelques notions. Quand je parle de santé, je désigne notre capacité d'adaptation continuelle à notre environnement qui est en perpétuelle mutation, à nos problèmes et à nos évolutions physiques, psychiques ou spirituelles. Cela concerne aussi bien notre capacité à grandir, à vieillir, à guérir parfois, à souffrir à certains moments – sans en être détruit –, et finalement à nous avancer vers la mort avec un peu de sérénité. La santé est donc compatible avec certains états de fixations conflictuelles. Elle n'est pas absence de conflit mais capacité de les assumer en restant en relation. Je préciserai plus loin ce que j'entends par conception « holistique » de la santé. Quant à la guérison, je suis d'accord avec le théologien moraliste Xavier Thévenot quand il écrit que « guérir, au sens de supprimer tel ou tel symptôme, ne doit pas être confondu avec le fait de « sauver », c'est-à-dire de permettre une existence avec autrui, consciente de sa vulnérabilité et suffisamment joyeuse [5] ».

La guérison ne libère donc pas de toute fragilité, et je dirais : heureusement ! Ce serait une illusion que de vouloir vivre sans aucune fragilité, au même titre que de croire que guérir serait retrouver l'état de santé antérieur, une intégrité corporelle et psychique complète. Il s'agit plutôt, pour chacun, de poursuivre

5. Xavier Thévenot, « Guérison, salut et vulnérabilité », in *Maison-Dieu*, 217, 1991/1, p. 25.

la quête d'une vie sensée, quelles que soient les fragilités et perturbations des sens et des sensations.

Nous partirons à la rencontre de la fragilité de la personne en commençant par celle qui marque le monde de notre temps à bien des niveaux. Nous verrons ensuite comment la foi chrétienne prononce une parole positive sur la fragilité humaine avant de nous interroger sur le sens à donner à l'expression « toute-puissance de Dieu » : Dieu est-il vraiment tout-puissant ? Confrontés à l'épreuve du mal qui a toujours troublé l'humanité, nous verrons que l'Évangile y répond par la vulnérabilité d'un Dieu crucifié qui refuse de nous culpabiliser. Nous savons que les Évangiles sont remplis de gestes de guérison du Christ, nous nous interrogerons sur la signification des miracles pour l'homme biblique et nous nous tournerons ensuite vers les pratiques de guérison du Christ qui a toujours distingué guérison et salut. Une question habite nombre de nos contemporains : « Dieu guérit-il aujourd'hui ? » Nous verrons dans quel sens nous pouvons parler d'une actualité des guérisons à la lumière de la Bonne Nouvelle du salut. Celui-ci ne s'identifie pas à la guérison, mais offre une plénitude de vie qui provient de l'accueil confiant de l'amour paternel et maternel de Dieu, un amour sans condition. Le sens chrétien de la guérison sera ensuite développé en référence à la vigilance à entretenir dans des démarches de prière de guérison. Nous terminerons notre parcours en insistant à la fois sur l'attitude à favoriser dans l'accueil de la fragilité de celui qui est différent de nous (l'autre dans tous les sens du mot) et sur la fécondité des sacrements quand ils s'inscrivent dans la démarche plus générale du soin. Nous conclurons en évoquant la responsabilité de la communauté chrétienne[6].

6. J'ai limité les notes de bas de page au strict nécessaire. Ceux qui souhaitent une bibliographie plus abondante peuvent se référer à mon livre *Guérir à tout prix ?*, Éditions de l'Atelier, 2000.

I

La fragilité du monde

Il n'est pas possible d'évoquer les fragilités personnelles sans tenir compte de l'ensemble des violences et des menaces qui habitent le monde d'aujourd'hui. En effet, tout individu fait partie d'un ensemble plus large – local, national, mondial – qui influe sur son état intérieur. En outre, la façon dont les médias répercutent de préférence les événements du monde les plus douloureux et les plus négatifs génère un sentiment d'insécurité qui envahit nombre de personnes fragiles.

Je voudrais aborder la diversité des fragilités en allant du plus large, du plus lointain, au plus proche. En partant de ce contexte dans lequel nous nous trouvons du point de vue géopolitique, pour aboutir au malade face à nous dans un lit, ou à la personne fragile avec laquelle nous vivons... et qui est parfois nous-même.

Les fragilités au niveau mondial

En effet, la fragilité que nous pouvons vivre aujourd'hui est une fragilité qui dépasse les fragilités individuelles. L'atmosphère qui prédomine dans une société anxiogène est cause de nombreuses pathologies. Les soignants en contact avec des pathologies psychiques sérieuses vérifient régulièrement à quel point les informations télévisées peuvent entraîner des bouffées délirantes et des épisodes de régression. C'est toute une société qui est fragilisée et en chemin d'enfantement, et nous sommes conscients que nous traversons une crise de civilisation qui se répercute aussi dans le domaine de la santé.

Pourtant, à certaines époques, nous avions rêvé d'avancées scientifiques extraordinaires, de reculer indéfiniment l'âge du vieillissement, de guérir toutes les maladies. Nous faisons quotidiennement l'expérience de nos limites et, parfois, de notre impuissance. Les années 1960-1970 ont nourri un immense espoir dans les progrès de la technique, des sciences, des technologies. D'un point de vue économique et social, nous pensions aussi aller vers plus de justice, moins de divisions, moins de fragilités. Nous avions confiance dans le rêve d'un progrès illimité de la raison, dans la victoire de l'homme sur la nature, sur les causes de divisions entre le Nord et le Sud, les riches et les pauvres, et nous vivons aujourd'hui un désenchantement, conséquence de l'expérience des limites de ce rêve.

Je ne veux pas tomber dans le pessimisme ni dans l'autoflagellation... mais je voudrais pointer certaines fragilités. Certes, en contrepoint, des quantités d'exemples d'espérance pourraient être évoquées et l'expérience de la fragilité peut être une porte ouverte vers une nouvelle espérance. Cependant, beaucoup de gens fragiles que nous rencontrons autour de nous sont marqués par les fragilités du monde et pas uniquement par leur propre histoire.

D'un *point de vue géopolitique*, nous avions pensé un moment que la chute du mur de Berlin marquerait l'inauguration d'un temps de paix sur le plan mondial. Maintenant nous nous disons que c'était peut-être plus simple quand il y avait deux blocs, parce qu'au moins nous savions dans quelle direction orienter les missiles. Aujourd'hui, en effet, le danger semble être partout. Ce sentiment s'est exacerbé avec les attentats terroristes du 11 septembre 2001 aux États-Unis. Depuis lors, certains parlent d'un « axe du mal ». On investit énormément dans la lutte contre le terrorisme. Au moment du 11 septembre, les responsables politiques tenaient deux discours. L'un disait : « Plus jamais ça :

nous allons éradiquer le terrorisme », et l'autre était : « Pour éradiquer le terrorisme, nous allons éliminer les lieux de misère et de pauvreté qui le nourrissent. » Ce second discours a été oublié ! On ne peut pas dire que la justice, le partage et la solidarité aient progressé au niveau international, au point de constater qu'il y a moins de désespérés dans le monde.

Quant à la *fracture grandissante entre le Nord et le Sud*, les médias ont révélé récemment au grand public une réalité qui remonte déjà à plusieurs décennies, celle de ces immigrations clandestines liées aux migrations transsahariennes... En Afrique, nombreux sont ceux qui rêvent d'un bonheur occidental : le paradis est là-bas, au Nord. Ils sont prêts à traverser à pied le désert pour arriver sur les côtes du Maroc ou de l'Algérie, et à monter, à prix d'or, sur un rafiot qui coulera au milieu de la Méditerranée... C'est l'espoir de débarquer sur les côtes espagnoles qui les guide, certains tentent le voyage jusqu'à cinq fois malgré les refoulements et les brimades. Et la première réalité offerte à ceux qui parviennent à son terme est souvent la traque, l'exploitation comme « sans papiers ». On investit plus dans le contrôle du flux migratoire que dans l'intégration et l'hospitalité. À la liberté de circulation des capitaux n'a pas correspondu la liberté de circulation des personnes. Il faut s'attendre à ce que ce flux du Sud vers le Nord s'amplifie d'année en année, tant qu'il n'y aura pas plus d'espoir d'avenir pour les jeunes de ces régions.

La fragilité plus près de chez nous

Sur le plan des *politiques nationales*, la fragilité de nos sociétés européennes s'exprime par la grande difficulté à construire du lien social. Certains sociologues comme Jean-Paul Willaime parlent d'une laïcisation de la laïcité, dans le sens où il fut un temps où la laïcité fonctionnait comme une religion alternative. Il y avait d'un côté le christianisme et, de l'autre, les grandes valeurs de la laïcité – liberté, égalité, fraternité –, les grands repères qu'étaient la raison, le progrès, la science, la technique... Aujourd'hui, le désenchantement les concerne aussi. Est-ce vrai que la technique apporte le progrès ? Quel progrès pour la personne ? La raison est-elle capable de répondre à toutes les questions ? Combien de nos concitoyens sont fascinés par l'irrationnel ? Devant la diversité culturelle et religieuse actuelle, quel lien citoyen est envisageable pour l'avenir ? L'individualité est devenue individualisme, et s'il y a une remarquable activité associative, nous savons que des centaines d'associations n'ont pas de projet politique. Qu'est-ce qui peut aider notre monde à devenir un peu plus juste ? Sans doute que le politique prenne vraiment en compte le souci du plus petit. Mais nous avons l'impression parfois que le politique lui-même est prisonnier du financier, et que c'est là que se prennent les décisions. Bref, la question politique la plus importante aujourd'hui est celle de la fragilité du lien social avec toutes ses déliaisons, et leurs conséquences : tant de personnes qui se sentent perdues et marginalisées.

La fracture à l'œuvre dans le Nord s'est rappelée brutalement à notre souvenir dans les banlieues françaises, avec les exclusions, les difficultés de trouver du travail, sans doute exploitées parfois par des personnes de mauvaise foi. Le récent mouvement anti-CPE (contrat première embauche) a servi de révélateur à la sourde inquiétude de jeunes pour qui il est insupportable d'envisager que, désormais, le modèle de vie occidental montré partout en exemple s'achemine de façon inéluctable vers une précarité croissante dans le contexte de la mondialisation. Actuellement, 40 % des étudiants doivent trouver un petit boulot pour poursuivre leurs études et, malgré cela, ils restent des privilégiés. On parle aujourd'hui du Sud du Nord, et du Nord du Sud. Effectivement, il y a des fragilisés dans nos sociétés opulentes du Nord et, au Sud, il existe des petits groupes de privilégiés qui exploitent leur propre peuple. Les fractures sociales sont partout. Nous n'assistons plus seulement au règne des déséquilibres économiques, mais au règne de la finance sans visage, sans projet social précis, dont la pression à court terme des actionnaires et de la concurrence mène le jeu. Seule gouverne la rentabilité en termes de profits financiers, gérée de façon quasi virtuelle grâce aux nouvelles technologies de la communication.

Que dire ensuite des tensions culturelles et religieuses que nous rencontrons aujourd'hui, de tout ce qui tourne autour du foulard, des fondamentalismes, du fanatisme... ? Ces phénomènes sont souvent liés à l'insécurité professionnelle : chômage, désœuvrement, délocalisations... Le travailleur délocalisé est souvent un déraciné. Celui qui est sans emploi pour une longue durée, est tenté en permanence par la révolte, puis la délinquance. Il existe donc des difficultés qui ne sont pas définies comme des maladies par la Sécurité sociale, mais qui rendent les gens malades, c'est-à-dire victimes d'un « mal-être ». Il y a beaucoup de façons d'être malade, nous le verrons. Dans des sociétés où c'est le rendement qui qualifie la valeur d'une personne, quelle est la place des personnes avec un handicap, des malades, des personnes âgées ?

On ne peut pas ne pas évoquer aussi la *fragilité des familles* monoparentales, recomposées, la difficulté des enfants victimes de séparations, qui ont du mal à se construire une « colonne vertébrale ». Souvent, plus personne ne joue le rôle du père pour résister à la toute-puissance du petit ou, à l'inverse, pour le fortifier dans ses insécurités.

Venons-en à *la santé, cœur de la plupart des préoccupations* et sur laquelle nous reviendrons longuement. Nous avons été habitués à de grands et rapides progrès médicaux au cours des décennies passées, que ce soit en chirurgie, en imagerie médicale, dans les traitements de plus en plus complexes et efficaces contre certains cancers... Mais la médecine fait aussi l'expérience de ses limites. Nous sommes conscients qu'il y a encore beaucoup de pathologies que nous ne diagnostiquons pas. En ce qui concerne la séropositivité ou le paludisme, nous sommes toujours à la recherche de solutions. Nous commençons aussi à prendre conscience du coût économique des progrès technologiques. En Occident, les malades estiment avoir droit d'office aux dernières technologies mises au point par les chercheurs, quel qu'en soit le coût. J'ai vécu dans des pays où il y avait quelques lits pour dialysés pour des dizaines de millions d'habitants... alors, l'accès aux technologies efficaces...

Même en France, une médecine à plusieurs vitesses se profile. En outre, l'obligation de rendement économique imposée aux institutions hospitalières fait que l'on ne compte plus en nombre de patients hospitalisés, mais en nombre de lits occupés... Ce changement de vocabulaire n'est pas innocent. En contrepartie, nos contemporains valorisent de plus en plus leur santé et leur corps. C'est sans doute une bonne chose, mais le risque est d'en demander toujours plus quand on pratique une approche holistique de la santé. Et puis il y a les impondérables... comme la grippe aviaire ou le tsunami. Difficile de ne pas alors paniquer, dans des sociétés nostalgiques de toute-puissance...

Il nous faut être ouverts aux *attentes que nous rencontrons de la part des personnes fragiles*. Elles veulent être des *personnes* avant tout. Jean Vanier dit qu'il n'y a pas de handicapés mais des personnes avec un handicap. Je dirais que la différence entre les « handicapés mentaux » et nous tient à la faiblesse de leurs ressources par rapport aux nôtres pour cacher leur handicap. C'est ce que j'ai découvert en travaillant dans une Arche [1]. Nous sommes tous plus ou moins handicapés. Dans une société qui a réalisé tellement de progrès sur le plan de la santé, même si certains efforts aboutissent pour améliorer la circulation des personnes handicapées, la peur de la maladie, du handicap nous rappelle notre fragilité constitutive face à l'injonction de la « bonne santé ». On connaît par exemple l'angoisse que provoquent certains diagnostics prénataux.

Face à la mort et à la solitude

Nous expérimentons aussi le *déni de la mort* – la mort occultée –, caractérisé par l'euthanasie et l'acharnement thérapeutique. La peur de la souffrance face au déni de la finitude. On sait que la souffrance est beaucoup plus large que la douleur. Notre société cède à la tentation de la toute-puissance quand elle est tentée de

1. Jean Vanier a fondé l'œuvre de l'Arche pour accueillir des personnes avec divers handicaps dans le cadre de maisonnées de type familial où des personnes avec handicaps vivent au quotidien avec des assistants qui les prennent personnellement en charge.

contrôler la vie dans l'ensemble de ses manifestations : avant la conception ; une fois que la conception a eu lieu et qu'il y a un risque de handicap, par exemple ; au moment de la fin de la vie, quand on estime que la dignité de la personne est en cause, ou que c'est affectivement trop lourd à porter pour l'entourage. Nous sommes tentés de tout contrôler et de gérer la vie humaine comme si nous en étions la source.

Certes, nous avons une réelle responsabilité dans la gestion des grandes questions en rapport avec la vie. Qu'il s'agisse des manipulations génétiques, de l'usage des embryons... Si nous acceptons si difficilement les fragilités qui nous entourent, c'est aussi parce que nous nous sentons une obligation de performance, de résultat. Pour les soignants, la mort reste toujours un échec. L'expression si souvent entendue d'« obligation d'excellence » peut générer des effets pervers. Il est difficile aujourd'hui de ne pas être excellent, mais tout le monde peut-il l'être ? Doit-on toujours l'être ? Doit-on l'être dans tous les domaines ? Que de dépressions naissent de cette insistance ! Des recherches récentes montrent que le pourcentage de dépressions dans le monde est croissant. Le combat contre ce phénomène est aujourd'hui un des plus importants défis sanitaires.

Enfin, il faut évoquer l'expérience de *solitude des personnes fragiles*. Il est si pénible de vivre la solitude ! Elle est plus lourde encore que la maladie ou la vieillesse. Quand on est accompagné et entouré on peut encore, jusqu'à un certain point, assumer l'expérience de la fragilité et de la finitude, mais le plus terrible, c'est la solitude, l'isolement, parfois même l'enfermement. Dans ce livre, il sera question du respect de la personne humaine. Il est difficile de respecter la dignité humaine quand on a du mal à accepter l'image négative de la fragilité. On sait que lorsque quelqu'un ne va pas bien, qu'il est soudain diminué, il donne une image négative de lui-même, il (elle) n'est plus cette personne performante que l'on a connue. En outre, cet état s'accompagne souvent d'une perte d'autonomie qui, pour certains, entraîne la honte de soi, la peur de peser sur les autres. Il est frappant de constater que les partisans et les adversaires de l'euthanasie se prononcent les uns et les autres au nom du respect de la dignité de la personne... En tout cas, il est important de ne jamais réduire une personne malade et diminuée à l'image d'elle-même qu'elle offre dans cet état. Elle n'est pas qu'un objet de soin ou un poids pour la société, elle est une « histoire sacrée », la préférée de notre Dieu qui s'est identifié à celui qui a faim et soif, qui est malade et prisonnier. C'est sur notre attitude vis-à-vis de ceux que nous sommes tentés si souvent de marginaliser que sera jugé notre attachement au Christ (cf. Matthieu 25).

C'est pourquoi il nous faut maintenant nous interroger sur le discours du christianisme à propos de la fragilité et du sens à lui donner.

II

Approche chrétienne de la fragilité

L'évocation des fragilités du monde nous invite à une première approche de la fragilité humaine. Les chrétiens se sont toujours préoccupés de soulager les malades, les pauvres, les faibles. Ils ont aussi beaucoup parlé de la souffrance, interpellés par la croix du Christ lui-même. Si la Bible ne donne pas *d'explication* sur l'origine du mal dans la Création, l'Écriture nous invite à *répondre* à celui-ci par la compassion pour ses victimes et par l'engagement pour la justice. Il ne s'agit ni de glorifier ni de fuir la souffrance. Elle fait partie de notre condition humaine et ce n'est pas Dieu qui nous l'envoie. Non seulement notre souffrance ne lui plaît pas mais il est venu pour nous soulager lorsque nous ployons sous le fardeau et pour nous donner le repos (Matthieu 11, 28). Certes, la traversée de la fragilité peut être une occasion de mûrir dans la foi, mais ne disons jamais à quelqu'un qui souffre que c'est une grâce de Dieu. Il s'agit d'un mystère trop profond pour oser se prononcer avec légèreté.

Priorité aux plus faibles

Il faut accorder la priorité aux plus fragiles et aux plus faibles – c'était l'attitude habituelle de Jésus. J'ai dit plus haut que, d'un point de vue chrétien, on juge une civilisation ou une culture à sa façon de traiter les plus fragiles. Avec ce critère, les civilisés ne sont peut-être pas là où l'on pense... L'attitude du Christ vis-à-vis des plus démunis et des exclus, et ce que lui-même nous a révélé de son Père à travers son expérience de la fragilité, de la souffrance et de la mort, nous renvoient à un Dieu qui ne s'est pas comporté de façon toute-puissante. La pratique de l'Église s'inscrit dans cette tradition qui nous vient du Christ. Dès les origines du christianisme, des lieux de miséricorde, de soin et de compassion ont été créés. Ils sont devenus plus tard des « Hôtels-Dieu », puis des hôpitaux. Les mots « hospitalité » et « hospitalisation » n'ont-ils pas la même racine ? On sait qu'en christianisme il n'y a rien de sacré sur cette terre, contrairement à d'autres religions. On ne sacralise aucun personnage, ni lieu, ni temps, même s'il existe des temps, des personnages et des lieux saints, sanctifiés, célébrés. La seule réalité sacrée est l'être humain, créé à l'image et à la ressemblance de Dieu. Il y a du divin dans l'homme. Toucher à l'homme, c'est toucher à Dieu. « Qui donc est Dieu qu'on peut si fort blesser en blessant l'homme ? », chante-t-on durant l'office des heures. C'est devant cette réalité-là que nous devons nous agenouiller et rendre le service du frère, de la sœur, images de Dieu. C'est la leçon du lavement des pieds. L'authenticité de notre célébration eucharistique se vérifie dans le service du prochain : le « sacrement » du frère ou de la sœur est indissociable du sacrement de l'eucharistie.

Accepter ses limites sans perdre l'espérance

Si la souffrance n'a pas de sens *en soi*, l'expérience de la fragilité reste fondatrice en anthropologie chrétienne. C'est par l'expérience de la fragilité que nous prenons conscience que nous ne sommes que des créatures, que nous ne sommes pas Dieu. Cependant, nous sommes parfois tentés de prendre Sa place, de jouer au sauveur. En effet, nous ne nous engagerions pas à aider les autres si nous n'avions pas envie de les libérer de leur souffrance, ou tout au moins de les apaiser. Tentés par la toute-puissance, nous faisons cependant l'expérience de notre propre fragilité et, parfois, de notre impuissance à soulager. Alors, nous devons bien reconnaître que nous ne sommes pas Dieu. Simples créatures, nous sommes des êtres en devenir, habités par des espaces de fragilité qui sont différents selon les âges de la vie. La première fragilité est celle du nourrisson, déjà précédée par celle de l'embryon, du fœtus.

Dans certaines spiritualités orientales, il est question de devenir des êtres « réalisés », c'est-à-dire libérés... Cet objectif n'est pas comparable au souci d'épanouissement des Occidentaux. Il conduit à renoncer à l'*ego* et au désir d'être quelqu'un, car tout est apparence et illusion. De même, pour le chrétien, s'épanouir ne signifie pas arriver à dépasser toute fragilité. Il s'agit d'accueillir et de traverser la fragilité plutôt que de la conquérir ou de la vaincre. La logique contemporaine irait plutôt dans le sens du combat contre toute fragilité afin de devenir invulnérable. Cela aussi est illusion. Certes, il nous faut utiliser les soins qui peuvent nous aider à mieux vivre et, parfois, à nous libérer de certaines fragilités précises. Mais vouloir se libérer de toute forme de fragilité, c'est rêver de toute-puissance ou, tout au moins, d'une perfection illusoire.

À certaines époques de l'histoire de l'Église, comme au temps du jansénisme, de nombreux dégâts ont découlé de la confusion entre sainteté et perfection. Nous n'avons pas à être parfaits, sans défauts, irréprochables. Lorsque Jésus dit : « Soyez parfaits comme votre Père céleste est parfait[1] » (Matthieu 5, 48), il parle de la perfection de l'amour, de la miséricorde. Nous ne sommes pas parfaits, nous ne serons jamais parfaits, même si nous sommes invités à aimer toujours mieux. C'est dans la mesure où nous avons été blessés, « vulnérabilisés », que nous sommes capables de rejoindre les personnes souffrantes. Alors n'essayons pas d'être parfaits, de tout contrôler, de devenir invulnérables. Sauf à devenir parfaitement insupportables pour notre entourage. Être saint, c'est accepter d'être fragile, consentir aux limites de son corps, de son affectivité, de son psychisme tout en continuant à aimer et à se laisser aimer. C'est se reconnaître pécheur, et pouvoir alors

1. L'évangéliste Luc écrit : « Soyez miséricordieux comme » (Luc 6, 36).

parcourir un chemin de conversion. Parce que nous appartenons à l'espace, au temps, nous sommes soumis à la tentation, à l'usure de nos ressources et de nos bonnes résolutions, avec, selon les époques de la vie, plus ou moins d'équilibre et de force.

Cependant, nous savons aussi que lorsque la souffrance du corps devient trop lourde à porter, le *sujet* que nous sommes risque de disparaître. Plus nous faisons l'expérience du vieillissement, de la maladie, du handicap, plus il est difficile d'être reconnu comme un sujet autonome, d'être respecté comme une personne à part entière. Le danger pour notre entourage, c'est de ne plus nous voir comme un sujet, mais plutôt comme un objet de soin plus ou moins encombrant. Jusqu'à se dire : il faut arrêter de s'occuper de ce corps, de le laisser souffrir... en oubliant peut-être qu'il est encore et toujours une personne humaine.

Quand le corps devient trop encombrant, le sujet risque de disparaître aux yeux des autres. Aujourd'hui, nous sommes obsédés par la beauté et la santé, nous perdons de vue la dimension de sainteté, que l'on ne peut confondre avec la santé. Un trop grand souci pour la santé peut devenir un obstacle à un chemin de sainteté. Alors, le sujet disparaît parce que refusé avec sa fragilité. Il faut trouver une juste attitude à propos de cette pression de notre culture contemporaine. Je ne dis pas que les chrétiens n'ont pas à s'occuper de beauté, de santé, mais il leur faut toujours garder une liberté intérieure et un discernement dans ce domaine, comme dans les autres.

Un autre aspect de notre fragilité fondatrice rejoint l'expérience selon laquelle nous sommes tous, à des degrés divers, marqués par le péché. Certains chrétiens ont pu enseigner que la souffrance était la *punition* du péché. Non, c'est une *conséquence* de notre éloignement de Dieu, non une punition de sa part. Dieu n'est pas à l'origine de la souffrance. Jamais, dans le Nouveau Testament, il ne se présente comme un Dieu vengeur. Il ne se réjouit pas de nous voir souffrir, il ne veut pas la mort du pécheur (Luc 15, 10). Le monde dans lequel nous sommes nés est un monde blessé par le péché, et c'est ce que veut exprimer l'expression « péché originel ». Or, très tôt, nous passons de l'état de victime à celui de complice, à cause du mauvais usage de notre liberté. S'il y a un rapport entre la souffrance et le péché, c'est parce que, chaque fois que nous manquons d'amour, nous pratiquons le péché, nous blessons l'autre, et donc aussi notre Dieu, qui s'est identifié aux plus petits d'entre nous. Il ne faut pas prendre la souffrance pour une punition du péché. Cependant, la souffrance de l'autre est parfois la conséquence de notre péché, puisque nous lui avons infligé des blessures. Il y a aussi la souffrance morale que nous nous infligeons à nous-même, lorsque nous découvrons à quel point nous pouvons faire mal à l'autre. Cela aussi fait partie de l'expérience de la fragilité.

Le mal n'aura pas le dernier mot

En tant que chrétiens, faisant l'expérience que nous sommes des êtres blessés et pécheurs, nous avons toujours cette certitude que le mal n'a pas le dernier mot. Que nous sommes des pécheurs pardonnés et sauvés, c'est-à-dire que notre Dieu ne nous enferme jamais dans nos fragilités et dans notre péché. Il ne nous enferme jamais dans le mal parce qu'il l'a vaincu une fois pour toutes. Dans l'Évangile, Jésus montre toujours qu'il y a plus en nous, qu'il y a une possibilité de recommencer, de renaître, d'accueillir le salut, c'est-à-dire la victoire de l'amour sur le mal et la mort. Il suffit de considérer son attitude vis-à-vis de la femme adultère, de Zachée, de la Samaritaine, etc. Jamais ces personnes n'ont été identifiées à leur péché. Même s'il existe cette dimension de blessure et de fragilité en nous, une part de liberté demeure qui nous permet de (re)choisir la vie...

Souvent, nous aurons besoin que quelqu'un nous prenne par la main pour que cela soit possible. Besoin que son regard nous révèle qu'il y a encore un espace de liberté. En effet, nous cherchons un regard qui nous espère, qui croit dans ce qu'il y a de beau en nous, surtout quand nous nourrissons une image trop négative de nous-même. C'est le cas du Père du fils prodigue. Mais il est vrai que dans le domaine de la fragilité, nous avons parfois l'impression de ne pas être à égalité, que certains sont plus éprouvés que d'autres. C'est une cause de révolte et de doute pour beaucoup. Nous sommes là aux portes d'un mystère qu'il est parfois très difficile d'accepter.

Ce que nous révèle aussi l'expérience de la fragilité, c'est que nous sommes des êtres de relation, nous ne nous suffisons pas à nous-même. La première expérience de la dépendance en tant qu'être de relation est le rapport entre le bébé et sa mère. Le petit humain est beaucoup plus dépourvu en entrant dans la vie que les autres créatures. Un bébé posé à côté du sein de sa mère n'est pas capable de mettre de lui-même le téton en bouche. Nous sommes infiniment fragiles à la naissance, nous devons tout apprendre. Nous sommes donc des êtres de relation et nous n'existons que par nos relations. Si nous sommes en vie, les uns et les autres, c'est parce que nous avons rencontré de la bonté sur notre route. Nous avons besoin du regard bienveillant des autres pour exister. Nous avons besoin de solidarité, de justice. Il nous faut donc consentir à une certaine dépendance. Nous cherchons l'autonomie, mais l'autonomie n'est pas l'indépendance. Étymologiquement, l'autonomie renvoie à notre capacité à nous donner une règle de vie, mais non à être des individus solitaires et égoïstes.

Notre fragilité est enfin liée au fait que nous sommes des êtres en attente de salut. Cette expérience nous ouvre à un au-delà de nous-même. Saint Augustin a écrit : « Mon cœur est sans repos tant qu'il ne repose en toi. » C'est-à-dire que nous ne serons tout à fait en paix que le jour où nous aurons fait cette expérience-là, celle du repos en Dieu, de l'abandon dans la confiance, souvent de façon mystérieuse. Pour un chrétien, ce sera l'expérience de la rencontre avec le Christ, de l'accueil de l'Esprit-Saint au cœur de sa vie. D'autres croyants la feront dans des religions différentes, autrement. Le salut peut prendre des visages inédits dans d'autres traditions, où le Christ est aussi à l'œuvre d'une façon que lui seul connaît, même s'il n'est pas reconnu comme sauveur.

Bref, nous ne pouvons vivre une expérience de plénitude que si nous nous recevons d'un Autre, selon la foi chrétienne. Nous sommes des créatures, mais nous sommes aussi des fils et des filles bien-aimés, et nous ne réaliserons cette vocation-là qu'en apprenant à nous laisser aimer. Pour moi, là est le cœur de l'Évangile. Si nous n'arrivons pas à nous laisser aimer, comment pourrons-nous recevoir, accueillir consciemment le salut ? Mais cela peut prendre toute une vie... Saint Paul nous dit que toute la Création est en attente de la révélation des fils de Dieu (Romains 8, 19). Eh bien oui, restons dans l'attente et ne désespérons pas.

Donner sens à la souffrance

Comment ne pas désespérer quand nous nous sentons diminués, inutiles, pleins d'angoisse pour l'avenir ? À ce moment-là, tous les discours à propos de la résignation, de l'acception de la volonté de Dieu ou de la valeur rédemptrice de la souffrance sont insupportables... Parce que celle-ci n'a pas de valeur en soi, il faut parfois parcourir un long chemin avant d'arriver à lui trouver ou à lui donner un sens. Car ce qui donne sens à la souffrance, ce n'est pas le fait de souffrir, mais la façon de continuer à aimer du cœur de cette souffrance. Ce qui lui donne sens, c'est aussi ce qui donne sens à la vie : rester en relation et continuer à essayer de s'intéresser aux autres, éviter la fermeture du cœur. Ce sens est propre à chacun et s'inscrit dans une histoire personnelle. Nous touchons ici au mystère de la singularité de la personne. Il n'existe pas de recette.

Nous avons dit que Dieu ne se réjouissait pas de notre souffrance mais qu'il la soulageait. Dans la plupart des cas, c'est grâce à l'entourage et à un soutien fidèle que nous parvenons à continuer à espérer et à donner un sens. Mais ce n'est jamais gagné, car cela dépend des étapes de notre vie, de notre pathologie, de notre cheminement spirituel. Nous avons besoin de patience et de respect dans cette lente élaboration, cette douloureuse quête. Nous avons parfois du mal à trouver les mots justes pour exprimer notre peine ou consoler quelqu'un. Il y a tant de peurs difficiles à formuler... L'expérience nous apprend que nous sommes souvent seuls, en définitive, au cœur de notre souffrance, quels que soient les efforts de notre entourage. Parfois, nous sommes juste capables d'essayer de durer, sans désespérer, rien de plus : vivre avec notre souffrance. Pourtant, nous découvrons aussi qu'il est possible de nous laisser rejoindre à certains moments, qu'il existe en nous des ressources de vie souvent insoupçonnées.

Certains malades témoignent du sens qu'ils sont parvenus à donner à leur souffrance en l'offrant pour les autres. Contemplant le Christ en croix, ils s'offrent avec lui pour que les autres aient la vie, sans pour autant renoncer à demander leur guérison. Quel sens donner à cette expression : « offrir ses souffrances ? » Parfois, il est vrai que l'on n'a plus rien d'autre à offrir que son impuissance, comme Job dans la Bible. À d'autres moments, ce sera des balbutiements de confiance ou un fragile désir d'aimer. En aucun cas il ne s'agira d'essayer d'obtenir des grâces à coup de souffrance. La grâce ne se mérite pas, il n'y a ni rançon à payer ni souffrance à rechercher, ce n'est pas cette offrande-là qui plaît au Seigneur, il a lui-même été crucifié et a connu la peur de la mort.

Nous pouvons commencer par essayer de consentir à notre situation et à sortir de la révolte, parfois de la culpabilité, en continuant à faire tout ce qui dépend de nous pour guérir ou, au moins, être soulagé. Ne plus nous centrer uniquement sur notre fragilité – quand on n'est pas submergé par la douleur – et sur nous-même. Ensuite, une ouverture du cœur, parfois très timide, peut nous sortir de l'obsession de la guérison à tout prix. Cela dépendra bien sûr du degré de souffrance et de déshumanisation subi...

Je crois que cette sortie de l'isolement n'est possible pour un patient que s'il est aidé par des gens qui le visitent, qui lui parlent de façon délicate. Et puis il y a la prière : afin d'« être avec le Christ », de puiser dans le cœur de Dieu le courage et la capacité d'aimer, de se laisser aimer. Parce que si Jésus nous a sauvés, ce n'est pas en rapport avec une quantité de souffrance qu'il nous faudrait désirer, c'est beaucoup plus par l'acceptation de sa situation de victime innocente, par amour, par solidarité avec l'humanité pécheresse et souffrante. Mais encore faut-il être capable de prier, ce qui n'est pas toujours le cas !

Certains arrivent à se mettre dans une attitude d'intercession pour le monde, dans une relation avec Marie qui est un exemple pour nous. Elle qui était au pied de la croix. Il nous est peut-être possible de dire : « J'offre ma souffrance pour le monde », mais c'est la qualité d'amour qui fait que notre offrande est un don qui plaît à Dieu, non la souffrance elle-même. Alors, nous pouvons entrer dans un consentement, dans ce mystère de la communion des saints, c'est-à-dire cette solidarité dans une lutte contre le mal avec les forces de l'amour, dans un mystère de transfiguration du monde. Certains y découvrent que le sens de la vie, c'est peut-être moins d'atteindre une efficacité (l'« excellence » qui plaît à notre monde) que d'arriver à une vraie qualité de relation. Cela peut être aussi la découverte d'une sensibilité à la fragilité de l'autre. Parfois, nous découvrons avec surprise que notre façon de vivre notre épreuve peut être féconde pour d'autres, dans la mesure où nous gardons la foi, une ouverture du cœur, un accueil des souffrances d'autrui. Pouvoir continuer à communiquer et à apporter de l'amour aux autres, c'est une grâce à demander, qui rejaillit en grâces pour les autres. Je connais des personnes qui, vivant l'expérience de la souffrance et de la diminution personnelle, et alors qu'elles n'avaient eu aucun problème de santé au préalable, ont soudain ressenti une grande solidarité avec tous les fragiles et les pauvres du monde, à partir de leur propre fragilité. Elles se sont dit : « Je fais maintenant partie de ce lot-là. » Dans cette solidarité, elles ont ressenti un grand amour, un grand désir de marcher avec eux. Il n'est pas facile de garder un intérêt pour les autres quand nous sommes fragilisés.

Nous en avons sans doute déjà fait l'expérience. Il y a des gens dont nous devinons, par la qualité de leur écoute, de leur accueil, de leur regard, qu'ils ont souffert et que, depuis ce moment-là, ils ne se permettent plus de juger. Ils ont aussi découvert que leur réelle fécondité était moins liée à leurs compétences, leurs diplômes ou d'autres résultats visibles, qu'à leurs blessures, dans la mesure où elles étaient acceptées, parfois guéries. Ils ont découvert que, en définitive, c'est parce qu'ils sont passés par la souffrance et la blessure que maintenant ils peuvent comprendre. Que la qualité d'écoute, de compassion, de tendresse, de patience qu'il y a en eux devient source de vie pour les autres.

Aimer jusqu'à la déchirure, dans une déchirure qui n'est plus une plaie purulente. Alors, progressivement, nous pouvons entrer dans une transfiguration de l'amour, dans un renouvellement de l'alliance, qui est beaucoup moins un amour de comptabilité, de donnant-donnant, qu'un amour de gratuité. Cela peut aussi être un chemin de renouvellement de l'Alliance avec le Bien-aimé, avec notre Dieu, avec les autres aussi. Enfin, à ce moment-là, les valeurs ne sont plus les mêmes. Ce à quoi on attachait énormément d'importance dans le passé peut paraître soudain si éphémère...

Mais tout ce qui vient d'être évoqué n'est jamais évident ni prévisible. Personne ne sait comment il va assumer la fragilité et la diminution de ses capacités. Il est ici question d'itinéraires, d'expériences, mais chacun doit parcourir son propre chemin, comme il le peut. Nous savons aussi que certaines personnes n'y arrivent jamais, restent dans la révolte, le désespoir. Elles ont alors surtout besoin d'un silence plein de respect et d'accueil, et non de vaines paroles. C'est ce que nous voudrions approfondir dans les pages qui suivent.

III

À propos de la toute-puissance de Dieu

Dans l'accompagnement des personnes fragiles, ou quand nous faisons l'expérience de notre propre faiblesse, nous nous tournons spontanément vers Dieu dont les psaumes nous disent qu'il entend toujours le cri des pauvres. Nous attendons souvent de lui qu'il agisse sans délai, de façon visible. Puisqu'il est tout-puissant et tout-amour, qu'il le prouve, surtout vis-à-vis de nous qui lui sommes fidèle. Mais que signifie que Dieu est tout-puissant ? Comment s'exprime cette toute-puissance ? Exerce-t-il les pleins pouvoirs sur notre vie et notre liberté ? Peut-il changer les lois de la nature au gré de nos besoins ? Dirige-t-il de loin tous les événements de notre planète ? Mais, si c'est le cas, comment peut-il apparaître si silencieux, si absent parfois, lui qui est tout-amour ? Quand ces questions taraudent tant de personnes souffrantes dans la nuit – et nous-même parfois –, est-il possible de se contenter de réponses convenues ?

Rejet d'un Dieu tout-puissant

Une des raisons pour lesquelles un grand nombre de personnes se tourne vers le New Age ou le bouddhisme aujourd'hui, c'est qu'il n'y a pas, dans ces voies spirituelles, de Dieu personnel. Dennis Gira évoque les causes pour lesquelles des chrétiens, et d'autres, sont attirés par le bouddhisme : « Aujourd'hui, pour de nombreux chercheurs de vérité, la notion de Dieu, et surtout, semble-t-il, du Dieu chrétien est devenue irrecevable. Ce rejet du Dieu chrétien est lié au problème très classique du mal. Que dire en effet de l'existence d'un Dieu tout-puissant, d'un Dieu d'amour qui veut le bien de tous les êtres, mais apparemment ne peut ou ne veut rien faire pour des multitudes d'humains qui naissent et meurent dans la misère et la souffrance ? »

Rejet de Dieu et rejet du christianisme : pour certaines personnes en recherche, cette religion aurait culpabilisé l'homme au point de le paralyser dans son évolution intérieure. Alors, elles veulent échapper à cette culpabilité, à certaines contraintes qui les empêcheraient de s'épanouir dans la liberté ou, plus simplement, de vivre leurs limites et leurs échecs sans culpabilisation excessive. La foi chrétienne, selon elles, se réduit à des dogmes qui enferment la vérité dans des formules totalement inutiles, trompeuses, illusoires. Dennis Gira poursuit en montrant « l'importance que revêt, pour ces personnes, l'expérience comme critère de vérité individuelle, et la large diffusion de l'idée que chaque individu doit prendre en main son développement humain et spirituel[1] ». C'est ce que l'auteur constate à partir de sa rencontre et de son dialogue avec des bouddhistes, et des chrétiens qui deviennent bouddhistes...

Paternité et toute-puissance de Dieu

Le problème de la toute-puissance de Dieu est sérieux car il est lié à la question du mal. Il trouble souvent les personnes que nous accompagnons. L'expression « toute-puissance de Dieu » revient continuellement dans notre liturgie comme dans le vocabulaire chrétien habituel. Or, entendre parler d'un Père qui serait tout-puissant ne correspond pas à l'expérience de ceux qui ont vécu la paternité ou la maternité humaines, au contraire. Ils expérimentent quotidiennement que la relation entre parents et enfants est de

1. Dennis Gira, « Pourquoi le bouddhisme séduit-il les Français ? », in *Vie Chrétienne*, février 1995, p. 8.

l'ordre de la vulnérabilité et de la gratuité, de la responsabilité certes, mais non de la puissance. Que peut signifier alors un Père tout-puissant pour des parents qui ont un enfant en train de mourir d'une pathologie grave, ou pour un couple qui se déchire, ou encore pour quelqu'un qui s'épuise à lutter contre un cancer? Surtout quand il s'agit de personnes qui pratiquent leur foi et qui ont la conscience d'avoir fait « tout ce qu'il faut faire » quand on est un bon chrétien : aller à Lourdes, faire dire des messes, prier le chapelet, demander la prière de groupes d'intercession, vivre en solidarité avec d'autres souffrants, etc. Comme Job, elles se demandent ce que fait le Dieu tout-puissant (9 et s.). En effet, dans le judaïsme, le juste est béni en surabondance, et donc, s'il rencontre un échec grave, il peut être tenté de se croire rejeté, puni par Dieu. Les chrétiens aussi s'exclament : « Qu'est-ce que j'ai fait au Bon Dieu pour que... » Si on a l'impression que notre maladie est une punition, alors on s'interroge : « Ne suis-je pas juste ? Qu'ai-je fait de mal ? Qu'ai-je transgressé ? » C'est ce que les amis de Job ont essayé de lui faire comprendre, en vain : que sa souffrance ne pouvait pas qu'être une punition.

On sait en effet, dans le cadre de l'accompagnement spirituel comme du travail thérapeutique, que nombre de personnes malades ou fragiles vivent un profond sentiment de culpabilité. Elles s'interrogent : j'ai dû dysfonctionner pour attraper telle ou telle maladie. Et quand notre société renvoie, comme causes des maladies, à l'alcoolisme, au tabagisme, au mode de vie..., elle les écrase encore plus. Elles se culpabilisent également parce qu'une fois malades et dépendantes, elles pèsent sur les autres. Pour nombre de personnes âgées, par exemple, ce qu'il y a de plus dur, c'est de se sentir inutiles et à la charge des autres. Elles se disent parfois : « Je suis devenu(e) un poids pour les autres (famille, société), ils vont finir par m'en vouloir... » Dans une société d'excellence, certains de ses membres ressentent de la honte à ne pas remplir leur fonction et à avoir un agenda vide. Quand s'ajoute alors l'image d'un Dieu tout-puissant qui est en surplomb et qui semble juger de là-haut, cela devient encore plus difficile à vivre. Il est tellement important de conserver l'estime de soi.

Or, l'enseignement sur la toute-puissance de Dieu est classique et se retrouve dans le langage théologique traditionnel. La question qui se pose particulièrement aujourd'hui est celle du sens à lui donner, car on ne peut envisager de tout simplement l'éliminer du vocabulaire chrétien. Le *Catéchisme de l'Église catholique* en parle de façon brève et traditionnelle et ne s'appesantit pas sur la difficulté parfois insurmontable que posent à nos contemporains de telles affirmations. On lit au paragraphe 268 :

> « De tous les attributs divins, seule la toute-puissance de Dieu est nommée dans le Symbole des Apôtres. Confesser cette toute-puissance est d'une grande portée dans notre vie : nous croyons qu'elle est : universelle (car Dieu qui a tout créé, régit tout et peut tout), aimante (car Dieu est notre Père), mystérieuse (car seule la foi peut la discerner lorsqu'elle se déploie dans la faiblesse...). Rien ne Lui est donc impossible et Il dispose à son gré de son œuvre. Il est le Seigneur de l'Univers dont Il a établi l'ordre qui lui demeure entièrement soumis et disponible, Il est le Maître de l'histoire. La toute-puissance de Dieu n'est nullement arbitraire, de sorte que rien ne peut être dans la puissance divine qui ne puisse être dans la juste volonté de Dieu ou dans sa sagesse intelligente. »

Au paragraphe 272, le *Catéchisme* poursuit en parlant du mystère de l'apparente impuissance de Dieu lorsque la foi est mise à l'épreuve du mal : « Dieu le Père a révélé sa toute-puissance de la façon la plus mystérieuse, dans l'abaissement volontaire et dans la résurrection de son Fils par lesquels il a vaincu le mal. » Il est donc affirmé que tout est soumis et disponible pour Dieu, alors que la réalité du quotidien donne l'impression qu'il est mis en échec. Le mal est à l'œuvre partout, l'injustice fait un grand nombre de victimes. Même si, bien sûr, le bien et l'amour sont également à l'œuvre, mais de façon moins spectaculaire et moins bruyante[2]. L'ordre mondial ressemble plus à un désordre généra-

2. Je pense à la réflexion de chrétiens qui auraient bien voulu que dans le Symbole des Apôtres, on dise aussi que Dieu est amour. On ne peut que se réjouir du choix du pape Benoît XVI de commencer son pontificat en y consacrant sa première encyclique.

lisé au détriment des plus faibles. Donc, cette puissance de Dieu « qui dispose, à son gré, de toute son œuvre », semble singulièrement inefficace à certains moments, devant certaines réalités. Et même si nous croyons que Dieu est capable de tirer du bien du mal, nous sommes confrontés à des souffrances qui sont parfois révoltantes, insupportables pour l'homme d'aujourd'hui, épreuves pour la foi. Comment accueillir le discours sur la toute-puissance face la réalité du quotidien et face à la souffrance ? Il nous faut approfondir le sens à donner à cette expression.

Ce qui gêne le plus certains de nos contemporains, selon Maurice Bellet, c'est l'impression que la toute-puissance de Dieu s'exerce contre l'homme[3]. Dieu serait jaloux du plaisir de l'homme, de son épanouissement. Dans le fond, l'homme n'aurait le droit de participer à la gloire de Dieu que s'il est parfaitement obéissant et respectueux de toutes les prescriptions liturgiques, morales, ecclésiastiques et autres. Comme si Dieu n'aimait l'homme qu'à condition qu'il soit à la hauteur de ses attentes. Attentes qui apparaissent pour certains comme des formes d'aliénation, de non-respect de la liberté. Ils s'exclament : « Si se diviniser, c'est se déshumaniser, cela ne nous intéresse pas. » Or, le chemin de la spiritualité chrétienne est un chemin de *divinisation* et non de déshumanisation. Cette expression est chère à la tradition orthodoxe qui préfère mettre l'accent sur la transfiguration de l'homme plutôt que sur son rachat.

À partir de cette vision chrétienne positive de l'homme, il nous faut entendre le cri des personnes en souffrance, plutôt que de répondre trop rapidement qu'elles n'ont rien compris à notre foi. Il est plus important de nous interroger sur les raisons pour lesquelles certains, et ils sont nombreux, gardent une vision si négative du christianisme alors que l'Évangile nous enseigne l'inverse de ce qu'ils pensent souvent.

Nous pourrions aussi faire attention à la façon de parler de la perfection, comme nous l'avons déjà vu, car on entend parfois :

---

3. M. Bellet, *Le Dieu pervers*, Desclée de Brouwer, 1998.

votre spiritualité de la perfection finit par faire de vous soit des hypocrites, soit des êtres inhumains (avec votre intolérance, votre intransigeance, vos culpabilités...). Ceux qui adressent ces remarques ont aussi l'impression que l'Église fonctionne selon une attitude qui ne connaîtrait pas d'alternative : « On est dedans ou on est dehors », et, quant à la foi, ce serait « tout ou rien ». Alors que beaucoup de nos contemporains, y compris des chrétiens, se sentent plutôt en chemin. Des personnes en recherche se demandent même si elles peuvent être accueillies avec une foi balbutiante, teintée d'incroyance. Elles sont certes dans l'Église, ou du moins attirées par elle, comme les « recommençant à croire », mais se sentent parfois plutôt à la marge, sur le seuil. Bien sûr, elles aimeraient assumer tout le Credo, mais elles ont des difficultés à adhérer à telle ou telle affirmation, particulièrement quand elles sont confrontées à la souffrance.

La volonté de Dieu

De même, Charles Péguy disait combien, certains jours, il lui avait été difficile de prier, dans le Notre Père : « que ta volonté soit faite ». Car cette volonté lui était alors trop pesante. D'où son attrait pour le rosaire et pour la « petite fille espérance ». Mais que mettons-nous derrière « la volonté de Dieu » ? La volonté de notre Dieu n'est pas que nous souffrions. Ce n'est pas lui qui a créé ni inventé la souffrance. Il ne la veut pas plus pour nous que pour lui-même. Il y a eu des générations de saints qui ont pensé faire plaisir à Dieu en meurtrissant leur chair. Les évolutions de la théologie spirituelle et des sciences humaines nous poussent à resituer de tels comportements – lus autrement aujourd'hui – dans le contexte d'une époque. Car le désir profond de Dieu, sa volonté de Père, c'est que nous soyons des vivants et que nous continuions à aimer et à nous laisser aimer malgré la souffrance, et non pas que nous souffrions. La volonté de Dieu, c'est que nous puissions continuer à nous recevoir de lui comme des fils, des filles bien-aimés, particulièrement quand il semble absent ou lointain. Certes, ayant été créés comme des créatures limitées, il y a en nous la part de finitude normale due à la faiblesse corporelle, psychique, morale, au vieillissement... Nous sommes invités à y consentir dans la confiance.

D'autres chercheurs de sens nous renvoient aussi la difficulté d'un système moral qui serait trop coercitif : il faudrait *mériter* son salut. Il existe encore aujourd'hui des courants spirituels, dans le monde chrétien, qui enseignent qu'il faut mériter la grâce et demander des croix... Comme si elles ne nous venaient pas toutes seules ! Quelle tentation de toute-puissance que de dire à Dieu : « Envoie-moi des croix ! » Car on constate quotidiennement que personne ne peut prédire comment il réagira à la souffrance et à la diminution de ses capacités au moment de l'épreuve... Quelle que soit la qualité de notre espérance. Ce discours met aussi en opposition un Dieu qui est Amour et la réalité souffrante, qui éloigne parfois de lui.

Face à cette présentation tendancieuse du christianisme, de nombreux chrétiens ont envie de protester. Ils ne sont pas du tout d'accord avec cette vision négative. Ce n'est pas du tout ce qu'ils vivent à l'intérieur de l'Église. Non, ils n'ont pas été mis en conformité, ils gardent toute leur liberté, ils ont droit à l'esprit critique, au plaisir... Ils s'épanouissent dans leur communauté et sont heureux d'en faire partie et de s'y engager, d'y recevoir le soutien des sacrements et d'y vivre la fraternité. Pourtant, il reste important que les chrétiens s'interrogent. Comment ces gens en sont-ils arrivés là ? Que s'est-il produit pour qu'à certaines époques, dont il reste des traces aujourd'hui, la Bonne nouvelle de l'Évangile et la Croix aient été perçues de façon aussi odieuse par certains ? Il ne suffit pas de critiquer les médias. J'aime la phrase de Graham Greene reprise par Maurice Zundel : « Aimer Dieu, c'est vouloir le protéger contre nous-mêmes. » C'est-à-dire être vigilant à propos des images que nous en avons données dans l'histoire du christianisme. Etty Hillesum, une jeune femme juive, incroyante, exprime quelque chose de cet ordre-là aussi, de son camp de concentration où elle redécouvre Dieu : « Il va falloir prendre la défense de Dieu contre ce que les hommes en ont fait[4]. » Elle écrit dans son journal : « Il m'apparaît de plus en plus clairement que tu ne peux pas nous aider, mais c'est à nous de t'aider et de défendre jusqu'au bout la demeure qui t'abrite en nous. »

Ainsi, lorsque l'on nous renvoie que Dieu est pour la souffrance, contre le plaisir, la sexualité, le corps, l'épanouissement et que « plus on est malheureux sur terre, plus on a de chance d'être heureux de l'autre côté », nous ne pouvons que protester. C'est pourtant ce qui reste souvent dans un imaginaire collectif à propos du christianisme, et il faut avoir le courage de regarder en face cette situation. On parle beaucoup de la crise de la transmission, et il y a des grands-parents qui sont effrayés de constater, par exemple, que leurs petits-enfants ne sont pas baptisés ou que leurs enfants ne pratiquent plus... (Il ne faudrait cependant pas qu'ils s'arrêtent aux apparences...) Pourtant, il reste encore un domaine où la transmission fonctionne bien dans nos sociétés. Il s'agit des représentations du christianisme marquées d'exagérations et de partis-pris qui continuent à traverser les générations[5]. Les comptes à régler avec le christianisme sont encore nombreux, et si ce n'est pas avec la foi chrétienne ou l'Évangile, c'est avec l'Église, les clercs ou les théologiens. Le succès du livre et du film *Da Vinci Code* de Dan Brown en est une illustration qui devrait nous aider à ne pas nous contenter de nous justifier. Comment ne pas *entendre* ce qui est dit ? À nous de nous interroger. Par quelles attitudes, quel langage renouvelé, quelle présentation créative des vérités et des symboles chrétiens pouvons-nous donner accès aux trésors de la foi chrétienne ? Car nous avons des trésors fabuleux à offrir aux personnes en recherche.

---

4. E. Hillesum, *Une vie bouleversée, Journal, 1941-1943*, suivi de *Lettres de Westerbork*, Paris, Seuil, 1985 et 1988, p. 166

5. Donnant des formations sur les religions du monde dans plusieurs grandes écoles, je suis frappé par la réaction de jeunes étudiants qui ne connaissent pas grand-chose du christianisme. Quand on parle du bouddhisme, tout le monde prend des notes, quand on parle de l'hindouisme, tout le monde veut faire du yoga, et quand on arrive au christianisme, on dépose les stylos : on connaît ! Mais, visiblement, ils ne connaissent pas, et les images qu'ils en ont sont presque toujours approximatives.

Ceci est d'autant plus urgent que beaucoup de chrétiens ont perdu la mémoire de leur tradition religieuse et qu'ils se sentent souvent impuissants devant la question la plus redoutable et la plus ancienne, sans doute, de l'histoire de l'humanité, celle du mal dans le monde.

IV

L'épreuve du mal

L'expérience de la fragilité est souvent vécue comme l'épreuve du mal. Se découvrir faible et dépendant correspond pour certains à la révélation qu'ils ne sont pas plus que les autres à l'abri des atteintes du mal et du malheur. Reviennent ces questions lancinantes : où est Dieu ? Pourquoi m'abandonne-t-il ? Pourquoi m'a-t-il envoyé cette épreuve ? Ainsi que : qu'ai-je fait ou n'ai-je pas fait pour que ce soit sur moi que cela tombe aujourd'hui ? Le scandale de la souffrance et de l'impossibilité d'expliquer l'origine du mal s'impose alors. Et il apparaît que la façon dont la souffrance a été justifiée à certaines périodes de l'Église n'a fait qu'aggraver un sentiment de culpabilité ou d'injustice, au point que certains ont perdu et perdent encore toute confiance en Dieu ou en l'Église. Au moment où l'expérience de la fragilité devrait inviter à puiser force et consolation dans la foi, elle devient pour eux l'occasion d'une grave crise de la foi et de l'espérance.

Dans le *Catéchisme de l'Église catholique*, on peut lire : « Dieu révèle sa toute-puissance dans l'abaissement volontaire et la résurrection de son Fils. » Nous touchons à quelque chose de central dans le mystère chrétien qui est la place de la croix. Encore une fois, alors que ce n'est plus la position de la théologie chrétienne depuis longtemps, l'imaginaire collectif considère que le christianisme valorise la souffrance pour elle-même. On continue à penser que Dieu aurait eu besoin de la souffrance de son Fils pour calmer sa colère contre les hommes. Nous aurions tellement offensé Dieu, que seul un Dieu devenu homme, souffrant des tortures atroces, pouvait « satisfaire » le Père. C'est ce que l'on appelle la théologie de la « satisfaction », ou de la « substitution », qui remonte au XVIe siècle. Parce que le Christ a pris notre place sur la croix, c'est nous qui aurions dû souffrir, tant nous sommes pécheurs. D'où l'idée répandue à certaines époques du christianisme que, le Christ étant éternellement en agonie, nous devrions chercher volontairement à souffrir avec lui. Non ! Ce qu'il nous faut retenir avant tout, c'est de quel amour Dieu nous a aimés « alors que nous étions encore pécheurs » (Romains 5, 8) plutôt que de nous enfoncer dans une culpabilité morbide.

Une chose est de vivre une souffrance en communion avec le Christ, autre chose est de la rechercher. Ce n'est pas ce qu'a fait Jésus, lui qui a été tenté à Gethsémani d'échapper à son supplice qui approchait. Il n'a pas cherché à souffrir, il a assumé la souffrance par amour pour nous. Le scandale de la croix, c'est que l'homme n'ait pas été capable de reconnaître, dans l'amour du Christ, la révélation de l'amour de Dieu ; qu'un juste – le Fils de Dieu – ait été assassiné malgré son innocence. Mais il existe un autre scandale de la croix, qui consiste à dire que le Christ a dû être torturé pour calmer son Père dans sa colère contre nous. Ce n'est pas le scandale dont parle l'Évangile ou saint Paul. Il ne s'agit pas d'un sang versé à un Dieu vengeur dans une souffrance réparatrice. Il s'agit d'un don d'amour non seulement du Christ à son Père et à toute l'humanité, mais aussi de la part du Père qui n'a pas refusé de donner son Fils pour nous combler de son amour.

L'autre scandale a été fabriqué à l'époque déjà évoquée où une vision très doloriste et culpabilisante du salut avait cours. Au lieu de souligner avec gratitude que « le Christ est mort *pour* nos péchés et notre libération », on insistait surtout sur : « le Christ est mort *à cause* de nos péchés [1] ». Puisqu'il était mort à cause de

1. L'un n'exclut pas l'autre, mais le contraste est grand entre le ton accusateur de Isaïe 52-53 et les Impropères du vendredi saint, et l'absence totale de reproche de la part du Ressuscité à ses disciples dans les quatre évangiles.

nos péchés, et qu'il avait pris notre place dans la souffrance, le plaisir devenait une offense à Dieu. Même si cela nous est renvoyé aujourd'hui de façon excessive, des livres entiers ont été écrits à ce sujet (dès le XVIe siècle, puis surtout aux XVIIIe et XIXe siècles). À partir de là se sont aussi diffusées l'obligation de perfection, une certaine vision de l'héroïsme chrétien...

Il nous faut assumer les conséquences de ce passé qui garde tant de traces aujourd'hui, parce qu'il conduit à des questions inévitables quand nous sommes confrontés à la souffrance. Lorsque nous disons que notre salut a coûté cher au Christ, qu'il a payé une rançon pour libérer la multitude (Matthieu 20, 28), à qui pensons-nous qu'il a payé cette dette ? Au Père, ou à Satan ? Il ne faut pas pousser la métaphore trop loin. Cela ne signifie pas que Jésus ait payé une rançon à quelqu'un par ses souffrances, mais correspond à l'exclamation : « Eh bien ! Cela m'a coûté cher... », dans le sens où nous avons payé de notre personne en donnant le meilleur de nous-même (par exemple pour réaliser un exploit, un projet onéreux...). Mais à qui avons-nous payé ? À personne, comme Jésus n'a payé aucune rançon au Père. Ici, l'accent est mis sur l'immensité de l'amour de Dieu qui nous a rachetés à cause de son amour, et non parce qu'une rançon aurait été payée. Certaines interprétations excessivement culpabilisantes posent problème, mais elles ne peuvent être développées plus longuement ici [2].

Dieu et les génocides

L'expérience des génocides semble condamner Dieu pour son inaction et même son impuissance. Un tel sentiment ne peut que

---

2. *Cf.* Bernard Sesboüé, *Jésus-Christ l'unique médiateur, Essai sur la rédemption et le salut, 1*, Paris, Desclée, Jésus et Jésus Christ 33, 400 p. Il y évoque les spiritualités et les théologies de l'expiation, de la substitution, de la satisfaction qui ont voulu justifier les souffrances de ce monde par l'expiation des péchés. On oubliait alors, dans certains courants, la gratuité de la grâce et la plénitude de la joie « imprenable » que Jésus avait promise à ses disciples.

troubler ceux qui ont aussi parfois, dans leur solitude, le sentiment d'une absence de Dieu.

En effet, un autre aspect du problème du mal a été fortement évoqué à la suite du nazisme. Certains ont eu l'impression que la création et le salut avaient été mis en échec par la Shoah (la tentative d'extermination du peuple juif par les nazis). *Peut-on parler de la même façon de Dieu après Auschwitz?* s'est-on demandé. Ce qui bouleverse, c'est l'apparente absence de Dieu à cette tragédie[3]. Mais la Shoah ne met pas seulement Dieu en question. Auschwitz est aussi l'échec d'une société moderne qui avait tout misé sur la raison et sur la conscience personnelle et les avait placées au fondement de l'éthique. C'est le résultat du nazisme, qui a évacué Dieu et a voulu rationaliser la société à partir d'un élitisme au service de la toute-puissance de surhommes. Auschwitz met autant en question la toute-puissance de l'homme, fondée sur la raison, qu'un discours sur la toute-puissance de Dieu employé sans discernement. Il faut considérer les deux aspects, car l'humanité y est confrontée au mystère du mal qui a pris des dimensions sans précédent. Le scandale de la Shoah n'est pas seulement de l'ordre du quantitatif (elle a produit plus de morts que les pogroms du passé) mais du qualitatif: ce n'est pas une forme d'holocauste et il ne faut pas utiliser cette expression ici, car l'holocauste est un sacrifice volontaire qui plaît à Dieu, ce qui n'est évidemment pas le cas ici: c'est un mal absolu.

Un philosophe juif, Hans Jonas, s'est exprimé sur le sujet en 1984, dans une conférence sur « Le concept de Dieu après Ausch-

3. Le Pape Benoît XVI s'est rendu à Auschwitz le 28 mai 2006 pour s'y recueillir. Il a affirmé: « Dans un lieu comme celui-là, on ne trouve pas ses mots, au fond, seul un silence rempli de stupeur peut régner, un silence qui est un cri vers Dieu: pourquoi n'as-tu rien dit Seigneur? Comment as-tu pu tolérer tout cela? » Ensuite, il a répété: « Où était Dieu en ces jours-là? Pourquoi s'est-il tu? Nous ne pouvons pas pénétrer le secret de Dieu – nous ne voyons que des fragments et nous commettons une erreur si nous voulons juger Dieu et l'histoire. » Il a alors recommandé d'adopter avec Dieu l'attitude du peuple juif décrite par les psaumes lorsque celui-ci implore: « Réveille-toi! N'oublie pas ta créature, l'homme. » Et il a ajouté que notre cri doit aussi réveiller la puissance déposée par Dieu dans nos cœurs pour sortir de l'égoïsme, de la peur des hommes, de l'indifférence et de l'opportunisme.

witz[4] ». Il a constaté que plus l'homme se sentait responsable, plus il voulait utiliser sa conscience et sa liberté, plus il s'interrogeait sur le sens du mal. Pour lui, ce qui pose problème après Auschwitz, c'est précisément que l'on ne pourrait pas tenir ensemble ces trois affirmations : Dieu est tout-puissant, il est tout amour, il est cohérent et en même temps il se tait, ou est absent, ou apparaît absent lors d'un génocide[5]. Il raisonne donc de la façon suivante (en simplifiant...) : si Dieu est tout-puissant et qu'il est tout amour, et qu'il laisse faire la Shoah, il est incohérent, car la Shoah est un mal absolu. Si Dieu est tout-puissant et qu'il laisse faire la Shoah, il n'est pas tout amour. Si Dieu est tout amour et qu'il laisse faire la Shoah, Il n'est pas tout-puissant. Or la Shoah a eu lieu, injustifiable. Nous ne pouvons lâcher la cohérence de Dieu ; Dieu est intelligible, le Dieu de la Bible est cohérent et responsable, c'est le Dieu de l'Alliance. Ensuite, on ne peut évidemment pas renoncer à l'amour de Dieu. Alors, que reste-t-il à mettre en question ? La toute-puissance. Hans Jonas raconte ce mythe : Dieu a créé le monde en se rétractant[6]. À l'origine, Dieu occupait tout l'espace. Le jour où il a créé le monde et l'homme, il s'est contracté pour laisser toute la place à l'homme. Ainsi, il se serait tellement retiré qu'il aurait laissé l'homme assumer seul l'œuvre de la Création, dans laquelle il ne pourrait plus intervenir.

4. Hans Jonas, *Le concept de Dieu après Auschwitz*, Paris, Rivages poche, Petite Bibliothèque, 1994 (1984 pour l'éd. allemande).

5. Il écrit : « Après Auschwitz, nous pouvons affirmer plus résolument que jamais auparavant, qu'une divinité toute-puissante ou bien ne serait pas toute bonne, ou bien resterait entièrement incompréhensible (dans son gouvernement du monde, qui seul nous permet de la saisir). Mais si Dieu, d'une certaine manière et à un certain degré, doit être intelligible (et nous sommes obligés à nous y tenir), alors il faut que sa bonté soit compatible avec l'existence du mal, et il n'en va de la sorte que s'il n'est pas *tout*-puissant. C'est alors seulement que nous pouvons maintenir qu'il est compréhensible et bon, malgré le mal qu'il y a dans le monde. Et comme de toute façon nous trouvons douteux en soi le concept de toute-puissance, c'est bien cet attribut-là qui doit céder la place » (p. 32-33). Martin Buber parlera plutôt d'éclipse de Dieu.

6. H. Jonas se réfère à la théorie du Tsimtsoum déjà présente dans la Cabale d'Isaac Luria (1534-1572).

Si l'on va jusqu'au bout de ce raisonnement, on en arrive à affirmer qu'en définitive, Dieu est impuissant. Il ne pouvait rien faire à Auschwitz. C'est sans doute là que réside la grande différence entre cette théorie et la foi chrétienne. Si, pour lui, Dieu s'est condamné à l'impuissance en se retirant à la suite de la création, pour la foi chrétienne, même si Dieu respecte la liberté de l'homme et l'ordre de la création, il reste puissamment à l'œuvre dans le monde et dans l'histoire, comme nous le verrons.

D'un point de vue chrétien, Dieu, en créant le monde, a accepté de se soumettre aux lois qu'il a fixées. Saint Thomas d'Aquin disait : « Dieu ne peut pas faire que ce qui est ne soit pas. » Il y a des miracles qui semblent aller contre les lois de la nature, mais généralement Dieu utilise les médiations humaines, ecclésiales, cosmiques... Ces miracles ne vont d'ailleurs pas contre ces lois, mais semblent plutôt les accélérer pour le bien de l'être humain, en vue du salut. En même temps, il a créé l'homme libre. Donc, en créant ce monde avec une réelle autonomie, et en créant l'homme libre, c'est-à-dire capable de lui dire non, Dieu a renoncé à exercer sa toute-puissance par amour. Notre expérience nous l'a appris : si nous nous situons dans la toute-puissance, nous ne sommes plus dans la relation.

Qui dit relation dit réciprocité, donc dépendance de la réponse de l'autre, influence réciproque. Cette expérience est vécue par tous les parents, comme dans toute forme de relation ou d'accompagnement. Dans ce sens, nous l'avons vu, nous pouvons affirmer que personne ne peut réaliser le bonheur d'un autre. Pas plus Dieu que nous. Nous pouvons offrir tout ce qui dépend de nous ; notre amour, notre compassion, notre proximité, donner tout ce que nous pensons être bon pour la personne que nous connaissons et qui est dans le besoin, ou que nous aimons. Mais que celle-ci s'en réjouisse, qu'elle soit heureuse du cadeau que nous lui offrons, cela ne dépend pas de nous. Nous ne sommes pas maîtres de la réception de notre amour, parce qu'il en va de la liberté de l'autre. Là se situent notre vulnérabilité et celle de Dieu lui-même.

Parfois nous vivons un sentiment de profonde impuissance, par exemple lorsqu'un enfant tente de se suicider. Les parents s'interrogent alors : ne l'aurions-nous pas assez aimé ? Mais peut-être, à ce moment-là, cet enfant n'était-il pas capable de se laisser aimer. Ce fut le cas pour le Christ. Il est dit qu'à Nazareth, Jésus n'a pas pu réaliser de miracle car son entourage familier n'a pas voulu – ou pu – croire en lui. Il a aussi connu l'échec et le refus de son amour. C'est pourquoi il vaut mieux dire que notre Dieu n'est pas impuissant, mais qu'il est à la fois puissant et vulnérable. Qu'il n'exerce pas sa toute-puissance par respect pour nous. Dieu est vulnérable en ce qu'il offre un amour que nous avons la possibilité de refuser. Il ne nous punit pas, il nous laisse cheminer et nous attend. Dire qu'il est vulnérable, c'est affirmer qu'il n'est pas tout-puissant dans le sens où il ne tiendrait pas compte de nos libertés ni des lois de la création. Un Dieu tout-puissant qui manipulerait les libertés et contrôlerait tous les événements du monde correspond plus aux attentes des « païens » qui utilisent la magie pour se l'apprivoiser. Cependant, notre Dieu est puissant et nous nous émerveillons de la puissance de son Esprit lorsque nous le laissons agir en nous.

Un Dieu présent

En effet, la puissance de Dieu s'exprime à travers l'action de son Esprit dans les cœurs et les consciences. C'est là que se joue la puissance de l'amour. Un amour qui s'offre et ne s'impose jamais : « Si tu veux me suivre... », « Choisis la vie ». Ce n'est pas, comme le pensaient les Anciens, à travers des phénomènes cosmiques comme le soleil, la foudre, ou les orages, que Dieu déploie sa puissance. Nous le voyons lorsque Élie demande à le voir. Il n'est pas dans le bruit, il n'est pas dans les grandes manifestations cosmiques, il est dans la brise légère (1 Rois 19, 12).

François Varillon écrit : « Dieu n'est qu'amour, je ne dois pas dire que Dieu est tout-puissant, puisqu'Il n'est qu'amour, Il n'est pas autre chose. S'il n'en va pas ainsi, ne disons pas que Dieu n'est qu'amour, disons qu'Il est tout-puissant, qu'Il est aussi amour et qu'Il nous aime aussi[7]. » L'amour n'est pas un attribut de Dieu. Dieu n'est qu'amour, et tout le reste, ce sont des attributs de l'amour. La puissance est un attribut de l'amour, la vulnérabilité est un attribut de l'amour. Et s'il faut parler de toute-puissance, la grandeur de Dieu est d'avoir créé des libertés. Nous ayant créés à son image et à sa ressemblance, il nous a créés libres. Dieu a pris un risque immense dans sa création, risque dont on voit les conséquences dès la Genèse, lorsqu'il parcourt le jardin, en cherchant Adam qui s'est caché.

Voilà le risque que Dieu a pris : qu'un jour Adam veuille prendre sa place. Cette tentation de toute-puissance, nous l'avons tous rencontrée dans notre propre vie à un moment ou à un autre. Par exemple quand nous voulons tout décider par et pour nous-même, mais aussi dans notre façon de gérer ou de régir la vie des autres, parfois de vouloir les « sauver », ou de vouloir tout connaître, tout expérimenter, tout contrôler.

Xavier Thévenot a enseigné que la vie spirituelle est un chemin de démaîtrise, alors que notre tentation contemporaine, c'est de tout gérer. Aujourd'hui, dans les sociétés occidentales, nous ne supportons pas de ne pas pouvoir « maîtriser ». Même quand il y a une tempête, il faut trouver un coupable. On veut à tout prix assurer la traçabilité d'un aliment, parce qu'en cas de problème, on veut pouvoir punir quelqu'un. Certes, il faut promouvoir la responsabilité. Mais nous sommes dans une société extraordinairement narcissique où le risque et l'accident n'ont plus de place, une société qui est donc tentée par la toute-puissance.

Comment parler cependant d'une toute-puissance en Dieu ? Une autre façon de se représenter la toute-puissance de Dieu est de la comprendre dans le sens d'une puissance créatrice de vie et d'être. Dieu est celui qui maintient toute créature dans son être, car la création est permanente. Dieu est puissance de vie et d'amour, et il donne sans cesse la vie. Quels que soient les

7. Il en sera question plus longuement au chapitre suivant.

échecs, les refus, les exterminations, Dieu continue à donner la vie en surabondance. Mais, encore une fois, cette toute-puissance de fécondité et de vie s'incline devant notre liberté et s'inscrit dans les lois de la création. Peut-être est-ce cette conception de la toute-puissance comme plénitude de vie qui rejoint le mieux la sensibilité de nos contemporains... et qui est le plus conforme à la révélation biblique.

Un Dieu qui responsabilise

L'expression « toute-puissance » peut aussi être comprise dans un autre sens. La création du monde a été un acte de toute-puissance, de même qu'à la fin des temps, Dieu récapitulera tout en Christ. Entre ces deux moments, création et eschatologie (fin des temps), se situe l'espace de notre liberté et des lois du monde, celui où nous avons à prendre notre responsabilité.

Le mot « responsable » signifie « capable de répondre de ». Donc, si Dieu me responsabilise, cela signifie que je dois être capable de répondre de mes actes, de mes paroles, de ce que je vis. Je suis donc renvoyé à ma liberté, à ma conscience. Dans cette responsabilité, j'ai la tâche de former ma conscience. Car c'est elle qui tranche en dernier recours, une conscience informée et formée, qui s'accompagne d'intelligence.

Si nos soucis et nos souffrances nous poussent parfois à chercher un Dieu qui serait tout-puissant, cela ne nous dispense cependant jamais de notre responsabilité. Dieu vient au secours de notre liberté, de notre responsabilité vacillante par sa grâce et par l'aide des autres, mais il ne nous dispense jamais de choisir. La magie et la spiritualité sont différentes en ce que, dans la magie, quand la bonne personne dit les bonnes paroles au bon moment, le résultat est censé se produire automatiquement. On est alors dans une relation binaire : un homme agit sur la divinité ou le cosmos de façon automatique en vue d'un résultat visible et immédiat. En principe, il se produit, si ce n'est pas le cas, si la personne qui sert de médium n'est pas fautive, l'échec ne met jamais en question le pouvoir magique. Or, la pensée magique revient en force aujourd'hui. De plus en plus de personnes attendent le bonheur ou la solution à leur problème d'un acte de magie : que ce soit en tirant un billet de loterie ou en consultant des voyants. La vie est alors considérée comme un champ de forces plus ou moins arbitraires où la liberté individuelle dépend de personnes qui s'octroient des pouvoirs de médium souvent invérifiables. On passe ainsi d'une conception païenne de la toute-puissance de Dieu à celle d'un être humain. Dans les deux cas, il n'existe plus ni conscience ni liberté personnelles face aux épreuves de la vie.

Dans une démarche spirituelle, on ne se situe plus dans un binôme fusionnel mais dans une relation à trois : l'intercesseur, l'homme ou la femme en difficulté (qui peut être soi-même) et Dieu. La personne adresse une demande à Dieu en lui laissant la liberté de répondre, en lui faisant totalement confiance, lui qui sait ce qui est bon pour ses enfants. Nous pouvons donc nous poser la question : « Quelle est ma manière de m'adresser à Dieu quand j'intercède pour quelqu'un ? » Car je peux être aussi dans la toute-puissance dans une demande. Les nombreux cierges allumés à Lourdes peuvent être une expression de la foi. Sans doute en avons-nous besoin pour exprimer notre demande, mais le temps de Dieu n'est pas celui de l'homme, sa réponse n'est pas celle de l'homme. Nous n'avons pas à faire pression sur lui. Il peut y avoir une tentation de manipuler Dieu. De même, dans certains groupes de prière, on peut en arriver à le mettre en demeure de répondre dans le sens demandé... Il est vrai que, certains jours, nous sommes terriblement déconcertés par son silence, mais laissons Dieu être Dieu.

Notre Dieu n'est donc pas tout-puissant dans le sens le plus spontané du terme, mais il n'est pas impuissant, car il est toujours à l'œuvre, nous dit Jésus (Jean 5, 17). Dieu est vulnérable comme le chante le psalmiste qui nous rappelle que quand un pauvre crie, Dieu écoute[8]. C'est un Dieu qui n'est pas indifférent. Pour le

8. Psaumes 33, 5 ; 65, 19 ; 114, 11 ; 119, 1.

pasteur Daniel Bourguet, Dieu n'est pas absent, il est pudique[9]. Dieu ne s'impose jamais (comme avec le jeune homme riche, ou quand Jésus pleure sur Jérusalem...).

Comment pouvons-nous alors parler d'un Dieu vulnérable sans porter atteinte à sa transcendance, au fait qu'il est plus grand que tout ce que nous pouvons imaginer de lui et qu'il ne change pas au gré de l'histoire ou de nos caprices ? Que peut signifier un Dieu à la fois puissant et vulnérable ?

9. Dans *La pudeur de Dieu*, Lyon, Les Bergers et les Mages, coll. Parole vive, 2001.

V

Un Dieu vulnérable

Vivre l'expérience d'une grande fragilité, c'est souvent éprouver son impuissance et sa dépendance. Or, au fond de l'être humain, il existe de façon très archaïque l'aspiration à un Dieu tout-puissant et juste dont dépendraient tous les aspects de la vie de l'homme ainsi que l'ordre du monde. On rencontre cette conception dans nombre de religions traditionnelles ou antiques. Une théologie chrétienne classique présente, quant à elle, un Dieu impassible que la souffrance de l'homme ne peut atteindre. Cependant, le Dieu que nous a révélé Jésus-Christ ne se présente pas comme un Dieu qui serait au-dessus de l'humanité, souverain et dominateur, mais comme un Père. Ce Père – dont la Bible présente des aspects maternels – est vulnérable à l'homme. En outre, Jésus-Christ l'a révélé comme un Dieu-avec-nous, Emmanuel. C'est pourquoi il a connu la souffrance et fait l'expérience de la mort.

Cette conception de Dieu va à l'encontre de tendances primitives de l'homme religieux. En outre, sa vulnérabilité, sa mort sont un scandale pour les juifs et une folie pour les païens. Pourtant, c'est à cause de cette vulnérabilité que les chrétiens se tournent vers lui dans la confiance, du cœur de leurs souffrances et de leur angoisse. Dieu n'est pas indemne du mal qui nous touche, ni indifférent. Il l'a porté en lui. Quand Jésus dit : « Qui me voit, voit le Père », il nous enseigne ce que signifie, pour Dieu : aimer l'humanité jusqu'au bout.

Quand les Juifs de la Bible se sont orientés vers le monothéisme, vers un Dieu unique, ils vivaient dans des sociétés polythéistes, et vénéraient des dieux tout-puissants, des dieux guerriers... Pour définir le Dieu unique, ils ont repris certains attributs des dieux de l'époque. Ainsi, dans la Bible, Dieu est présenté comme le Dieu des armées, pour signifier qu'il est puissant. Sabaoth veut aussi dire le Dieu des hauteurs. Mais, à côté de ce Dieu de force, les prophètes le présentent comme celui dont les entrailles s'émeuvent et qui déborde de tendresse pour Ephraïm (Jérémie 31, 20). Vient alors la question : « Est-il possible qu'il y ait non seulement de l'humilité en Dieu, mais également une souffrance en lui ? » En théologie classique, on rappelle qu'il faut savoir que toute science sur Dieu doit reconnaître sa nescience, c'est-à-dire sa difficulté ou son incapacité à connaître vraiment Dieu. Tout discours sur Dieu doit s'accompagner de cette affirmation : ce que l'on peut en dire est toujours très loin de la réalité de son mystère. On appellera cette position la théologie négative, proche de la théologie apophatique (« qui ne peut pas dire »). On se méfie des anthropomorphismes (des qualités humaines appliquées à Dieu). Mais que nous en dit la tradition chrétienne ? Il existe plusieurs positions.

Dieu se laisse toucher

Nous nous inspirons ici de la réflexion du jésuite François Varillon qui a bien exprimé les enjeux d'une conception d'un Dieu à la fois humble et souffrant. Il a écrit, en 1974 et 1975, deux petits livres qui ont connu un réel retentissement : *L'humilité de Dieu* et *La souffrance de Dieu* [1]. Il s'y réfère entre autres à la pensée d'Henri de Lubac à propos des paradoxes du langage sur Dieu : il y a en Dieu des aspects de puissance et de fragilité, de présence et d'absence. Ces paradoxes montrent que nous ne pouvons ni mettre la main sur Dieu ni le définir de manière adéquate.

1. François Varillon, *L'humilité de Dieu*, Paris, Bayard, nouvelle édition, 2000 et *La souffrance de Dieu*, Paris, Bayard, nouvelle édition, 2000.

En théologie classique, on insiste sur l'impassibilité de Dieu dans le sens où Dieu ne peut pas être atteint, touché, car cela le changerait. Cette impassibilité est liée à l'idée que Dieu étant parfait, il ne peut changer car il perdrait alors sa perfection. Si Dieu pouvait être ému, il changerait. À partir de la définition classique du thomisme[2]: « Dieu est immuable, éternel, parfait, autosuffisant... », François Varillon considère que « l'image d'un Dieu impassible qui surplombe dans une olympienne sérénité le mal et le malheur du monde subsiste et vit d'une vie secrète dans les profondeurs de l'inconscient de l'humanité[3] ». Impassible signifie, pour la plupart, insensible et donc indifférent. François Varillon se demande alors comment Dieu pourrait être amour sans être vulnérable. Affirmer que, parce que Dieu est parfait il ne peut rien ressentir, car cela le changerait et porterait atteinte à sa perfection d'être, pose problème pour les mentalités d'aujourd'hui.

Or, à côté du Dieu parfait, impassible et immuable défini par certains théologiens médiévaux[4], il y a le Christ fraternel, mort en croix. C'est une perfection d'amour, précise François Varillon. Le Christ s'est laissé toucher par la souffrance du monde. Il a partagé notre souffrance et a déclaré: « Qui me voit, voit le Père » (Jean 14, 9). Donc, quand Jésus pleure sur Jérusalem, le Père pleure sur Jérusalem. La souffrance du Christ sur la croix, loin d'atténuer le scandale de l'impassibilité du Père, semblerait plutôt l'accroître. Le philosophe chrétien Jacques Maritain écrit de son côté en

2. Le thomisme est une doctrine philosophique et théologique élaborée par saint Thomas d'Aquin au XIVe siècle qui a été au fondement de l'enseignement de la théologie catholique durant des siècles. Il représente une référence classique importante en théologie encore aujourd'hui.

3. François Varillon, *La souffrance de Dieu*, Paris, Le Centurion, 1975, p. 14. Pour un approfondissement théologique, consulter Jürgen Moltmann, *Le Dieu crucifié*, Paris, Cerf, Cogitatio Fidei 80, 1999 (pour l'édition française).

4. Je ne m'appesantis pas ici sur les distinctions que saint Thomas établit entre relation de raison et relation réelle de Dieu au monde. Elles visent à montrer que Dieu peut vivre un *pathos* – un ressenti – sans en être modifié dans son être divin. La relation qui unit Dieu à ses créatures ne l'affecte pas dans son être (*Prima pars*, question *45*, article 3, ad 1 m).

1964 : « Une psychanalyse métaphysique du monde moderne décèlerait là le mal qui ronge son inconscient. Si les gens savaient que Dieu "souffre" avec nous, et beaucoup plus que nous, de tout le mal qui ravage la terre, bien des choses changeraient sans doute, et bien des âmes seraient libérées[5]. » Il est difficile de voir Dieu comme un potentat, précise-t-il, et il critique la dichotomie qui règne dans l'esprit de tant de chrétiens à propos de Dieu : d'un côté un Père et en même temps un empereur, potentat dramaturge, qui met en scène toute cette humanité souffrante, qui réside ailleurs et ne serait pas atteint par le drame de l'humanité. « Cette insensibilité de potentat révolte contre Dieu une grande masse de nos chrétiens », ajoute-t-il.

À l'origine de l'Église, Origène considère au IIIe siècle que Dieu s'est incarné parce qu'il a été touché par la souffrance de l'homme[6]. Dans son Commentaire d'Ézéchiel (6, 6) il écrit :

> « Le Sauveur est descendu sur terre par pitié pour le genre humain. Il a subi nos passions avant de souffrir sur la croix, avant même qu'il eût daigné prendre notre chair : car s'il ne les avait d'abord subies, il ne serait pas venu participer à notre vie humaine. Quelle est cette passion, qu'il a d'abord subie pour nous ? – C'est la passion de l'amour *(passio caritatis)*. Mais le Père lui-même, Dieu de l'univers, lui qui est plein de longanimité, de miséricorde et de pitié, est-ce qu'il ne souffre pas en quelque sorte ? Ou bien ignores-tu que, lorsqu'il s'accuse des choses humaines, il souffre une passion humaine ? "Car le Seigneur ton Dieu a pris sur lui tes mœurs, comme celui qui prend sur lui son enfant." Dieu prend donc sur lui nos mœurs, comme le fils de Dieu prend nos passions. Le Père lui-même n'est pas

---

5. Cité par F. Varillon, *op. cit.*, 1975, p. 16.
6. Urs von Balthasar écrit : « Le pathos de la compassion est un attribut du Fils éternel » (in *La dramatique divine IV. Le dénouement.* Namur, Culture et vérité, 1993, p. 220).

impassible ! Si on le prie, il a pitié et compassion. Il souffre une passion d'amour *(passio caritatis).* »

Pour Origène, parce que Dieu est amour, il a été touché par la souffrance de l'humanité, par son péché, au point de décider de prendre sur lui toutes ses fautes pour l'en libérer. C'est cette « passion d'amour » qui est à l'origine de l'incarnation du Christ.

L'incarnation de Dieu est la conséquence de sa décision de créer l'homme libre, à son image et à sa ressemblance. Son œuvre créatrice est donc une aventure. Dieu a pris le risque de créer des libertés, et il a pris ce risque pour l'homme. Charles Péguy met ces paroles dans la bouche de Dieu : « Ce que j'attends de toi ce ne sont pas des prosternements d'esclaves, mais un amour d'enfant. » Cela aurait été aussi facile pour lui de créer des robots qui se seraient occupés de la terre, qui auraient cultivé le jardin. Il en a décidé autrement. Or, comme Dieu crée sans cesse, l'aventure se poursuit à chaque instant. À chaque naissance, Dieu accepte l'éventualité des larmes et du sang, les nôtres, et celles du Christ. Peut-il être hors de cause, indifférent ?

Aujourd'hui, une réflexion se développe sur la conscience du Christ, sur la façon dont Jésus a vécu des sentiments d'impuissance à certains moments, dont il a été rejeté par les hommes. Car, humainement, sa mort est apparue comme un échec. C'est pour cela qu'il a été impossible aux juifs de reconnaître le Messie, et encore plus le Fils de Dieu, dans cet homme crucifié. Dans la tradition juive, le juste est béni, or Jésus de Nazareth crucifié ne pouvait pas être un juste, et encore moins le Messie, ou un prophète authentique...

Quand on accompagne des malades (du sida par exemple), réfléchir et prier avec eux sur des textes de guérison n'est peut-être pas toujours la bonne méthode, car ils savent qu'ils ne guériront pas. En tout cas pas de cette maladie-là. Il faudrait commencer par réfléchir à une « théologie de l'échec » par rapport à la guérison physique, à nos pouvoirs humains. Dieu est mis en échec à première vue, mais nous croyons que la grâce peut transformer ces échecs en vie. Nous approfondirons plus loin ce que signifie « guérir ».

Dieu travaille à travers nos impuissances et nos limites. François Varillon note que s'il dit que Dieu souffre, il est taxé d'anthropomorphisme. Mais quand on dit que Dieu est impassible, ne serait-ce pas aussi de l'anthropomorphisme ? Il préfère des anthropomorphismes qui soient plus conformes au Dieu révélé en Jésus-Christ. Car la plupart des gens comprennent que si le Père est invulnérable, il est sans tendresse. « Croire en un Dieu qui souffre, c'est rendre le mystère plus mystérieux mais aussi plus lumineux », dit François Varillon. Au moins, nous pouvons atténuer le scandale de l'impassibilité en évoquant la vulnérabilité révélée par le Christ. Que notre Dieu n'agisse pas tout de suite comme nous le voudrions ne signifie pas qu'il soit indifférent ou impassible.

Nous sommes conscients d'être en chemin et nous devons rendre compte de l'espérance qui est en nous. Mais nous expérimentons notre propre fragilité et nous savons que tout n'est pas définitivement joué pour le moment, car chacun doit exercer sa liberté. En vivant cette tension entre un Dieu immuable et un Dieu vulnérable, nous constatons que le Christ, dans sa souffrance, nous a révélé Dieu comme celui qui se laisse toucher, qui n'est pas indifférent; comme un Dieu dont l'amour est gratuit. Le langage de l'amour est celui de la prière et du consentement. Il dit : « Si tu le veux, viens. » En effet, Jésus dit toujours : « Si tu veux... », jamais il n'impose. C'est un amour qui s'offre, et qui laisse à l'autre la liberté de s'exprimer. Si le jeune homme riche s'en va tout triste, ce n'est pas parce que Jésus l'a rejeté, ni qu'il l'a jugé, c'est parce qu'il s'est découvert incapable de dire « oui » (Matthieu 19, 22).

Dieu s'offre, s'invite et attend notre réponse. Quand l'amour renonce à la puissance qui s'imposerait, il s'expose au refus. C'est ce que Jésus a révélé de Dieu par toute sa vie donnée dans la liberté. L'« abandon[7] » du Christ sur la croix est sans doute l'expression silencieuse la plus sublime de la vulnérabilité d'un

7. Le mot abandon a ici plusieurs acceptions : Jésus abandonné par ses disciples, Jésus qui s'abandonne au Père, Jésus qui vit une expérience d'abandon sur la croix.

Dieu qui se propose sans s'imposer[8]. François Varillon écrit: « Dieu est le seul être qui ne connaît aucun retour sur lui-même. » Et il ajoute que la réponse à l'excès de mal est un excès d'amour. Excès dans le sens d'une plénitude qui ne dit jamais « cela suffit ». C'est aussi le message du buisson ardent qui ne se consume pas. Faisons cependant attention quand nous parlons d'excès d'amour. L'excès signifie un amour qui ne compte plus, qui se donne complètement. Mais il ne s'agit pas d'un amour excessif dans le sens de « dévorateur ». Ici s'exprime l'idée d'une surabondance, d'une gratuité, non d'une saturation ou d'une possession.

Renoncer à une forme de toute-puissance

Comment permettre à certaines personnes de renoncer à l'idée d'un Dieu tout-puissant, dans le sens interventionniste du terme ? Il y a dans le fond de l'être humain un besoin archaïque d'un être tout-puissant, de quelqu'un à qui demander des comptes, à qui s'adresser quand on est fragile et qui va tout résoudre. Lorsque le Christ nous révèle un Dieu souffrant, il casse cette image, parce qu'avec un Dieu tout-puissant on peut négocier et obtenir des résultats visibles. On exige qu'il « fasse son travail ». Tandis que, face à un Dieu vulnérable, il faut respecter le temps de Dieu, croire qu'il se laissera toucher mais qu'il ne réagira pas de la même manière que nous. Il sait ce dont nous avons besoin mais ne se conformera pas à notre volonté souvent égocentrique.

Le chrétien renonce à une vision païenne d'un Dieu tout-puissant. Ce fut pourtant la tentation d'Adam: Adam a pensé que Dieu était tout-puissant dans le sens où rien ne pourrait lui résister (cf. Satan qui promet: « Vous serez comme des dieux et connaîtrez le bien et le mal » [Genèse 3, 5]). Il a donc voulu prendre sa place. Mais le Dieu de la Bible n'est pas tout-puissant dans ce sens-là. C'est pourtant souvent la place de ce

8. Maurice Zundel dit: « Si Dieu souffre, c'est de trop aimer. »

Dieu-là que nous avons envie de prendre, et non pas celle du Dieu vulnérable. Nous n'avons pas envie d'être couchés sur une croix, nous avons soif de pouvoir : être tout en haut, en surplomb, sans rival ni échec. Au moment de son arrestation, le Père n'a pas envoyé de légions d'anges pour libérer le Fils. De même, il fait tomber la pluie sur les méchants comme sur les justes... Cela peut être difficile à accepter quand on veut que Dieu se montre tout-puissant à notre manière. Ce fut l'objet de la conversion d'Élie que de renoncer au Dieu qui tue les prêtres de Baal pour le reconnaître dans la brise légère (1 Rois 18, 20-46).

Il est vrai qu'un Dieu tout-puissant peut en arranger certains, car tout le monde ne désire pas être libre. La liberté est parfois difficile à vivre et à assumer quand on est dans l'épreuve et qu'on ne sait plus où donner de la tête. Dans notre société d'excellence, un Christ défiguré dérange énormément. En acceptant de nous sauver dans de telles conditions, le Christ s'est exposé au scandale et au refus. Il nous a livré un amour gratuit, qui s'offre et qui n'est vraiment accessible qu'à ceux qui dépassent la volonté de toute-puissance, pour eux-mêmes ou pour Dieu. La source de l'incroyance se situe souvent là : dans le mal inexpliqué, dans le mal de l'innocent. Cette question existe depuis la création de l'homme, nous l'avons dit. Or, de l'origine du mal, nous n'avons pas d'explication en christianisme, nous avons seulement des réponses. Le chrétien n'explique pas le mal car c'est un grand mystère. Il y répond par l'amour, la compassion, la vulnérabilité, le combat pour la justice, ou encore en parcourant personnellement un chemin de libération intérieure, dans sa vie spirituelle.

Dans notre vie personnelle comme dans le travail pastoral d'accompagnement et dans le soin, nous ne pouvons pas faire l'économie de ce questionnement : « Cette maladie, pourquoi moi ? Où est Dieu ? Pourquoi ne fait-il rien, alors que vous nous dites qu'il est tout-puissant ? » Comment faire face à ce flot de questions ? Il ne faut pas chercher à répondre à tout prix. Nous pouvons témoigner de notre espérance quand nous estimons le moment propice. Nous permettons à l'autre de faire l'expérience de Dieu, lorsque nous sommes des serviteurs de la Parole, lorsque nous sommes en retrait, que nous laissons ouvert l'espace de la rencontre. Dans la tradition ignatienne, on dit : « laisser la créature avec le créateur ». Ce n'est pas facile devant de grandes souffrances, cela demande un bon discernement et, souvent, une supervision. Nous connaissons l'expression : « laisser Dieu être Dieu », ce qui ne veut pas dire que Dieu opère une intrusion à l'intérieur de notre conscience, comme dans la transe ou la possession dans les religions traditionnelles. Dans ce cas, un esprit s'empare de la conscience d'une personne sans qu'elle puisse y résister. En christianisme, le Seigneur nous dit toujours : « Si tu veux... » Quand nous sommes nous-même confrontés à cet apparent silence de Dieu dans des situations objectivement scandaleuses, que nous avons l'impression que Dieu est absent, il nous faut bien poser un acte de foi et dire : je veux laisser Dieu être Dieu, sans doute n'aurai-je la réponse que dans la vision béatifique, à la fin des temps. Accepter de ne pas comprendre. Or nous voudrions tant pouvoir comprendre et expliquer, mais il n'y a rien à faire, cela résiste : le mystère est là. L'excès d'amour de Dieu nous est exprimé par la croix : il nous a aimés jusqu'au bout. Il reste à le contempler en silence.

Devant le mystère du mal et d'un Dieu qui semble impassible, alors qu'il est dit tout-puissant, nous préférons aujourd'hui mettre l'accent sur la paternité de Dieu, vérité d'une dimension maternelle. Il reste le problème de savoir quel chemin les gens ont parcouru par rapport à leurs propres parents (abus ou absence du père, de la mère ?). Dès que nous utilisons des anthropomorphismes, nous nous exposons à des difficultés. Présenter Dieu comme un père peut devenir une source supplémentaire de résistance chez des personnes qui ont vécu une relation douloureuse avec leurs parents. N'oublions donc pas que lorsque nous affirmons quelque chose à propos de Dieu de façon anthropomorphique – Dieu est amour, tendresse, père... – il nous faut préciser : mais pas à la manière des humains, et pas comme nous le comprenons, Il est infiniment au-delà de ce que nous pouvons en dire.

Enfin, la tradition des Pères de l'Église (aux origines du christianisme) nous révèle la beauté de notre vocation malgré ou au-delà de l'épreuve de la souffrance. Saint Irénée de Lyon a écrit : « Dieu s'est fait homme pour que l'homme puisse participer à la divinité de Dieu. » Mais si c'était au prix de notre humanité, serions-nous encore dans l'incarnation ? Comment un Dieu qui s'est incarné pourrait-il demander à l'homme de se déshumaniser pour se diviniser ? Au contraire, nous pouvons dire : plus nous nous humanisons, plus nous nous divinisons. Plus nous nous déployons dans le meilleur de notre humanité, en prenant comme référence l'Homme qui a parfaitement réalisé le projet du Père, Jésus-Christ, plus nous nous divinisons, avec l'aide de l'Esprit Saint.

La divinisation dont parle Irénée est le résultat d'une transfiguration intérieure qui est l'œuvre de la grâce, avec notre collaboration. Il ne s'agit donc pas de vouloir prendre la place de Dieu dans une sorte de conquête où nous enlèverions à Dieu son pouvoir divin. Non, la divinisation de l'homme est le chemin de sainteté du chrétien. Il s'agit de laisser la grâce de Dieu nous façonner à l'image du Christ. Il y a collaboration avec lui et non toute-puissance de notre part. C'est l'accueil d'une force qui nous renouvelle. La grâce ne détruit pas la nature mais la transforme, la transfigure. Dans la tradition orthodoxe, la référence à la transfiguration est centrale. La divinisation est une transfiguration. Les Pères grecs des origines de l'Église interprètent ainsi la croyance selon laquelle nous avons été créés à l'image, comme à la ressemblance de Dieu, et invités à la sainteté. Ils distinguent entre l'image et la ressemblance de Dieu en l'être humain. Ils précisent que *l'image* est indélébile. Dans l'être humain le plus déchu, l'image de Dieu sera toujours présente. Nous avons toujours à reconnaître, même dans le pire ennemi, ou le pire bourreau, l'image de Dieu, car il y a en lui le sceau de Dieu. Ce qui est atteint par le mal, c'est la *ressemblance*, elle concerne l'harmonie qui nous est destinée, l'unification qui nous rend semblable au Christ, nous permet d'accueillir sa demeure en nous. La dissemblance est la conséquence du péché. Dans le processus de divinisation, notre visage – notre être profond – reflète de plus en plus le visage du Christ, comme le Christ est icône du Dieu invisible.

Retrouver la ressemblance, l'harmonie perdue avec notre Dieu, c'est retrouver l'unité intérieure, car le résultat du péché, c'est la division. Par la grâce (reçue dans la prière, les sacrements...) et par notre participation à son action en nous, le visage de Dieu, déformé et caché dans nos profondeurs, est libéré. Origène, dans un commentaire sur la Genèse, prend l'image de la source intérieure – il y a en nous des sources d'eau vive –, des circulations d'eau vive, et celle-ci est associée au visage du Christ inscrit en nous. Le chemin spirituel consiste alors à libérer le visage du Christ en nous, qui n'est plus lisible tellement il est abîmé par le péché, le mal, la souffrance. La libération de la source intérieure[9] permet le retour au visage du Christ inscrit dans nos profondeurs. Nous le retrouvons en parcourant un chemin de sainteté où nous collaborons avec la grâce, et où nous ne sommes pas dans la toute-puissance de celui qui veut prendre la place de Dieu. Il ne s'agit pas d'une conquête mais d'une transfiguration, d'un ad-venir.

Peut-on comparer cette transfiguration à un miracle ? La solution à la fragilité serait-elle le miracle de la guérison ? Il nous faut maintenant interroger la Bible sur le sens qu'elle donne au miracle. Il nous parle de l'action de Dieu dans le monde, sans porter atteinte à notre responsabilité.

9. Bernard Ugeux, *Retrouver la source intérieure*, Éditions de l'Atelier, 2003.

VI

Que dit la Bible des miracles ?

Quand l'homme biblique est confronté à l'épreuve, il se tourne vers Dieu avec la confiance si souvent exprimée dans les psaumes. Il sait que son créateur est à l'œuvre dans le monde et qu'il prend soin du peuple de l'Alliance. Régulièrement, il fait mémoire des hauts faits de l'Exode qui lui rappellent la fidélité du Très-Haut. Ce qu'il admire surtout (le mot miracle renvoie à ce qui est admirable), c'est la proximité et l'action de Dieu dans sa création et non l'aspect extraordinaire des gestes qu'il a posés à certains moments pour son peuple.

Les juifs ne cherchent pas les miracles, ils ne les refusent pas non plus. Ils ont établi des critères pour les identifier, parmi lesquels le rejet de la tentation d'un merveilleux facile. Quant à l'Église, elle aussi met l'accent sur la présence de Dieu dans la vie des croyants et propose des critères de vérification des miracles. À Lourdes, elle veille aujourd'hui à être moins dépendante des évaluations purement médicales. Tout chrétien est invité à demander des grâces de guérison, sachant cependant que le Seigneur dispose de nombreuses façons de soulager ou de guérir qui ne sont pas forcément immédiates et directement visibles.

Nous avons vu que si Dieu n'exerce pas une toute-puissance dans le sens d'une domination du monde et de l'histoire, il est cependant puissant et à l'œuvre dans les cœurs et dans l'Église. L'évangéliste Jean emploie souvent le mot *dunamis* (puissance) à propos des miracles de Jésus. Ceux qui accompagnent spirituellement des gens fragiles sont souvent les témoins de cette puissance. C'est quand ils font l'expérience de leur propre impuissance qu'ils se rendent compte que sa puissance est à l'œuvre. Saint Paul nous dit que la puissance du Christ se déploie dans notre faiblesse (2 Corinthiens 12, 10).

Parler d'une « non-toute-puissance » de Dieu (dans le sens que nous avons évoqué) ne signifie pas qu'en tant que chrétiens nous démissionnons ou que nous perdons confiance. Peut-être sommes-nous plus réalistes dans notre confiance, moins tentés d'exiger l'impossible de Dieu. Nous lui laissons l'initiative, confiants en sa capacité d'écoute. Dans le récit de l'Annonciation, il est dit : « Rien n'est impossible à Dieu » (Luc 1, 37). Ce récit fait partie des Évangiles de l'enfance : leur style met l'accent sur la façon merveilleuse dont se déroule le projet de Dieu. Cependant, Lui-même s'est rendu dépendant de la liberté de Marie. Même si celle-ci avait été préparée par une grâce spéciale, elle était libre dans sa réponse. En outre, si tout est récapitulé en Christ à la fin des temps, dans sa vie terrestre, Jésus a été rejeté, torturé et mis en croix : il n'a pas voulu imposer à ses contemporains une adhésion à son message. Ainsi, rien n'est impossible à Dieu dans les limites de notre liberté et de notre accueil.

L'Église et les miracles de guérison

Avant d'aborder la tradition biblique, nous pouvons nous demander ce qu'il en est des pratiques de guérison aujourd'hui. Certains se demandent : « Est-ce que Dieu guérit encore ? » Or, que signifie « guérir » ? Prenons l'exemple de quelqu'un qui découvre qu'il souffre d'une insuffisance cardiaque. C'est un grand sportif, mais, désormais, il ne pourra plus marcher en montagne... Après avoir cheminé, il se dit : à partir de maintenant je vais devoir organiser ma vie autrement. Et il entre dans la sérénité, dans l'acceptation. On peut certes dire qu'il a vécu une guérison dans son rapport à sa fragilité, mais physiquement il n'est pas guéri. Cependant, il a choisi de gérer « comme il pouvait » sa maladie plutôt que de se plaindre. Nous reviendrons sur cette question.

Il est bon de s'entendre au préalable sur le sens du mot miracle, à une époque où ce qui est extraordinaire attire de plus en plus nos contemporains. De nos jours, on constate encore des guérisons, que ce soit à Lourdes, qui vient de revoir les critères de reconnaissance des miracles, dans le cadre du Renouveau charismatique, ou encore en d'autres lieux et d'autres occasions moins connus. Il existe certainement plus de grâces de guérison que l'on pense, mais elles ne sont pas toujours spectaculaires ni nécessairement physiques, elles ne sont pas non plus toujours diffusées. En saint Jacques, on lit qu'il faut appeler les anciens, qu'ils prieront sur la personne malade en lui faisant une onction d'huile et qu'elle s'en trouvera bien (Jacques 5, 13-15). Le texte ne dit pas que la personne est nécessairement guérie physiquement, mais il ne l'exclut pas non plus.

À propos des miracles de guérison, la notion même de miracle a évolué dans le catholicisme depuis la fin du XIXe siècle jusqu'à aujourd'hui. En France, Lourdes est un des hauts lieux des miracles de guérison. En 1858, eurent lieu les apparitions de la Vierge à Bernadette, suivies de guérisons. On était en plein XIXe siècle, à une époque où l'anticléricalisme était plus virulent qu'aujourd'hui. L'Église a cherché alors à mettre en valeur les miracles dans un sens apologétique, c'est-à-dire pour prouver l'existence de Dieu. Elle a appliqué, pour la reconnaissance des miracles de guérison, les mêmes critères requis en vue d'une béatification ou d'une canonisation. L'Europe était sous l'influence de la philosophie des Lumières qui avait tendance à tout expliquer par la seule raison humaine, y compris l'expérience religieuse.

Face au scientisme (la confiance dans la toute-puissance de la science), face aux attaques d'Émile Zola, qui avait publié un ouvrage pour critiquer Lourdes, l'Église a voulu donner des preuves scientifiquement irréfutables de la réalité des guérisons. En 1883, elle a créé un bureau de vérification des miracles, composé d'une équipe de médecins et de scientifiques, afin d'appliquer les règles en usage pour les canonisations[1]. Le physicien, le biologiste ou le médecin décidait qu'il y avait miracle dans le cas où la guérison ne pouvait pas être expliquée en l'état actuel des connaissances de la médecine. Le résultat fut que depuis 1858, sur 6 704 cas présentés, seuls 67 ont été officiellement reconnus aujourd'hui. Ce qui fait peu de miracles ! La dernière reconnaissance a eu lieu en 2005 à propos d'une guérison déjà ancienne. Notons que l'Église ne parle de miracle de guérison que lorsqu'il s'agit d'un prodige, dans un contexte de prière (d'ordre surnaturel), vécu comme l'expression de l'amour de Dieu pour l'humanité.

Dans le cadre du Renouveau charismatique, il existe aussi des témoignages de guérison. Actuellement, on préfère parler de grâces de guérison plutôt que de miracles, dans le but d'éviter de susciter des attentes démesurées et un attrait exagéré pour le merveilleux. Le mot miracle vient d'un mot latin, *mirabilia*, traduit par : « ce qui provoque l'émerveillement » (à propos des œuvres merveilleuses de Dieu pour son peuple). Il peut arriver que dans un groupe de prière, une guérison soit constatée. Un spécialiste en psychosomatique pourrait peut-être démontrer que c'est sous l'effet de l'influence du groupe, de l'affectivité ambiante, du contexte, etc., que l'état de la personne s'est amélioré. Toutefois, à cause de cet amour présent, de la prière confiante dans l'Esprit du Christ, de l'attitude d'abandon de la personne, rien n'empêche la communauté chrétienne de déclarer : « Là nous avons vu le doigt de Dieu. » Si le patient passe devant le bureau de constatation des miracles, il est possible que l'amélioration soit expliquée médicalement. Peu importe, il y a là une raison de s'émerveiller de l'actualité de la miséricorde de Dieu vécue par la médiation de la foi et de l'amour d'une communauté. Il peut cependant être nécessaire d'assurer un suivi de la personne qui a été guérie pour s'assurer de l'amélioration et pour l'accompagner dans cette expé-

1. *Cf.* Bernard Ugeux, « À propos de l'évolution de la conception du miracle de guérison dans le catholicisme au XXe siècle » dans Raymond Massé et Jean Benoist dir., *Convocations thérapeutiques du sacré*, Paris, Karthala, 2002, pp. 19-37.

rience. Cela signifie qu'aujourd'hui la notion de miracle s'est élargie et affinée[2].

Il y a des *mirabilia Dei*, des événements merveilleux qui révèlent que Dieu est à l'œuvre en cet âge. Dans la pratique, des apaisements soudains ou des réconciliations inattendues font s'exclamer les accompagnateurs ou les visiteurs de malades : « Là c'est vraiment le Seigneur qui était à l'œuvre. Ce n'est pas un fruit direct de notre travail, ce ne sont pas les médecins, il s'agit d'autre chose. » La personne s'est ouverte et les témoins se disent : « Nous avons vu l'Esprit à l'œuvre. » C'est important de s'émerveiller de la présence de l'action du Seigneur dans le cœur des personnes ou dans nos pratiques d'accompagnement, ou encore en aumôneries.

Dans le même temps, il faut faire attention à ne pas trop vite proclamer qu'il y a eu des grâces extraordinaires. C'est pour cela qu'il vaut mieux dire : « Nous avons vu l'action du Seigneur, quelque chose de l'ordre d'une guérison a été donné », plutôt que d'employer le mot « miracle ». L'Église reconnaît qu'elle a sans doute trop dépendu de l'approche purement scientifique, mais il est parfois nécessaire de vérifier sérieusement les déclarations de guérison. C'est une question de discernement.

Du miracle dans la tradition biblique

Avant d'aborder les pratiques de guérison du Christ, considérons comment est présenté le miracle dans la Bible. Pour l'homme biblique, il est évident que Dieu est toujours à l'œuvre. C'est un monde de croyants, et le fait d'être vivants, d'avancer sains et saufs à travers le désert durant l'Exode, tout cela est perçu comme le résultat de l'action de Dieu. C'est un signe que Dieu protège son peuple, dans un grand ou un petit événement. Dans le récit de l'Exode, ce qui compte, ce n'est pas que des événements

2. Voir les articles du docteur P. Theillier dans *Fons Vitae*, le Bulletin du bureau médical de Lourdes.

prodigieux soient inexplicables pour les connaissances de l'époque, d'ailleurs peu développées, mais plutôt l'acte fort de libération que cela représente pour le peuple de l'alliance. Il a perçu que son Dieu était à côté de lui pour le libérer et remplir sa promesse. Pour lui, c'était un grand miracle dans ce sens-là. Il est peu question de miracles dans le Premier Testament. Dans la tradition d'Israël, on cite, parmi les miracles la sortie d'Égypte, la traversée de la mer Rouge et les miracles qui ont accompagné l'Exode : la manne, le rocher... Il y en a aussi dans le cycle d'Élie, de Josué. Dieu prend fait et cause pour son peuple, Il s'engage avec lui.

Les Anciens ne faisaient pas la distinction entre miracles de guérison et exorcismes. Dans la Bible, le mal est souvent personnalisé : même si certaines causes physiques de la maladie étaient connues, des esprits, des démons expliquent le mal, la maladie, la mort. Dans la pratique, Jésus a fait le lien entre la maladie et les mauvais esprits... Il n'est donc pas étonnant que les guérisons aient souvent été assimilées à des exorcismes. C'est une façon de dire : quand Dieu guérit, Il libère du mal. La guérison n'est jamais simplement un retour à un état de santé antérieur. La guérison est une libération de la dépendance du mal. Aujourd'hui, des communautés pratiquent des prières de libération, de délivrance, parce qu'elles constatent que des gens sont parfois pris dans des liens d'origine démoniaque sans qu'il s'agisse de possessions au sens propre.

À l'époque, on ne faisait pas toujours la différence entre mal physique ou moral, maladie physique ou maladie spirituelle. Au paralytique de Capharnaüm (Marc 2, 1-12), Jésus commence par pardonner ses péchés. Dans la culture biblique, on établissait un lien entre maladie et péché. Jésus s'est démarqué de cette interprétation morale qui expliquait la maladie ou le handicap par un péché personnel ou familial – c'est le cas de l'aveugle de naissance en Jean 9. Il a cependant montré que le péché pouvait avoir des conséquences plus graves que la maladie physique. Le péché est une rupture de la relation avec Dieu. Pour certains, la maladie peut être une occasion de clarifier leur relation à Dieu... Dans les milieux populaires il y avait une attente de libération et de guérison. Quand Jésus est venu, il a pris l'option d'être surtout proche de ces milieux-là. Cela lui a valu des oppositions de la part des scribes et des pharisiens.

De même, les Anciens ne distinguaient pas les miracles qui concernent les hommes de ceux qui affectent la nature. On le constate à propos de l'eau jaillissant du rocher pendant l'Exode, ou déjà lors de la traversée de la mer Rouge, véritable miracle cosmique. De même, d'un côté Jésus guérit la belle-mère de Pierre et de l'autre, il calme la tempête en utilisant la formule des exorcistes. Pour les Anciens, la tempête, l'eau, la mer sont des lieux où résident les esprits mauvais, comme le monstre marin Léviathan, par exemple. C'est pour cela que, lorsque Jésus chasse les mauvais esprits des cochons, ceux-ci se jettent dans la mer puisqu'ils proviennent de ces lieux obscurs.

Aujourd'hui, nous ne réalisons pas suffisamment que la crise que nous traversons par rapport à la religion traditionnelle ainsi que la diversité des propositions spirituelles et thérapeutiques contemporaines sont des phénomènes très proches de ce que Jésus a rencontré en Palestine il y a deux mille ans, dans la société sémitique et gréco-romaine. Le rapport à la santé et aux miracles de guérison était en pleine évolution.

Crise religieuse et quête de santé

À cette époque, il existait une crise des grandes institutions religieuses. Dans la religion gréco-romaine, par exemple, chaque cité avait son dieu protecteur ou sa déesse, et ses prêtres. Il existait aussi d'imposantes célébrations officielles où se produisaient l'empereur – parfois lui-même divinisé –, les autorités... Mais tout cela était souvent loin des préoccupations de la population. À côté de ces cultes officiels, en cette période hellénistique, des groupes se réunissaient pour des prières de guérison au nom de divinités souvent exotiques (égyptiennes, perses...). On peut citer le culte de Mithra, très répandu chez les soldats dans l'armée romaine, qui venait d'Asie Mineure ; celui d'Isis... En effet, les citoyens étaient confrontés à un monde en pleine mutation à la suite d'une crise de civilisation qui s'annonçait dans le Bassin méditerranéen. Ils cherchaient donc des groupes qui associaient salut et guérison. Ils s'adressaient à des petites divinités thérapeutiques ou à des groupes d'initiation : les religions à mystères. Comment ne pas évoquer notre propre crise de civilisation et les quêtes de santé actuelles ?

C'est dans ce contexte que Jésus est apparu. Le lien entre salut et santé était devenu de plus en plus important, alors que cela ne constituait pas une problématique prioritaire dans la Bible. On sait cependant que quand l'homme est en situation de fragilité, il attend de la religion qu'elle réponde visiblement et sans tarder à ses demandes et à ses besoins. Il existait des rivalités entre les groupes religieux ou initiatiques. Leur notoriété reposait sur le nombre d'hommes et de femmes qui se trouvaient guéris.

Jésus n'a pourtant jamais critiqué la religiosité populaire, mais il a pris les gens là où ils étaient. De son temps régnait une grande misère en Palestine : c'était un pays occupé et une grande partie de la population était en situation de précarité. À côté d'elle, une classe aristocratique pouvait tout se permettre. Les pauvres ne pouvaient pas respecter les six cent treize commandements au niveau de la pureté rituelle, par exemple. Pourtant, les anges de la nativité se montrèrent à des bergers qui ne pouvaient pas être en règle : ils ne pouvaient pas procéder aux diverses ablutions à cause de leurs activités extérieures... Mais ils furent les premiers bénéficiaires de la Bonne Nouvelle. Dans ce milieu, la parole de Jésus s'accompagnait de gestes de guérison, de libération.

Le défi à relever, pour Jésus et pour ses disciples, consistait précisément à ne pas être assimilés aux guérisseurs de l'époque. Au début, en Galilée, les gens venaient de partout pour bénéficier de ses guérisons. Cependant, en même temps que la guérison, Jésus proclamait toujours l'annonce de la Bonne Nouvelle du salut et un appel à la conversion. Il n'agissait pas simplement comme un thérapeute. La guérison visait toujours la foi et était une invitation à un retour à Dieu. Elle était liée à l'annonce du Royaume. Ce n'était pas, pour Jésus, une recherche de pouvoir, ni une mise en concurrence avec les thaumaturges de l'époque. Il était évident qu'il dérangeait les gens au pouvoir : le sanhédrin, les scribes, les pharisiens, parce que dans la tradition biblique les guérisons n'étaient pas prioritaires. Elles étaient même suspectes. Les opposants disaient : « C'est par Belzébul que tu guéris », alors qu'eux-mêmes exorcisaient certains jours. Jésus a essayé de leur montrer l'incohérence de l'accusation selon laquelle il chassait les démons au nom de « chef des démons » (Matthieu 12, 24 s.).

Quand Jésus a commencé à annoncer sa Passion, quand les gens ont vu l'opposition qui montait contre lui, les foules ont diminué, surtout quand elles ont vu qu'il se cachait... N'oublions pas que celui-ci était un condamné à mort en sursis. Plusieurs fois, des juifs ont ramassé des pierres pour le lapider et il a dû s'échapper (Jean 10, 31-42). Il savait bien que tout cela allait mal se terminer. Peu à peu, des disciples ont commencé à douter car il ne correspondait plus à leurs attentes de messie libérateur et de faiseur de miracles.

Dans le Premier Testament, les grands miracles sont aussi des signes du commencement d'une ère nouvelle. Ce fut le cas pour ceux de l'Exode. Maintenant, par ses miracles associés à sa parole, Jésus révèle le début d'une ère nouvelle, d'une nouvelle étape du salut, de la Nouvelle Alliance. Par ses pratiques, il vient révéler l'amour de prédilection du Père pour les plus fragiles. Ce qui décevra certains de ses disciples. Mais Jésus n'a pas de projet politique dans le sens politicien du terme, il est venu révéler la tendresse du Père pour les plus petits. Il pose des gestes qui dérangent les autorités religieuses de l'époque. Le Dieu qu'il annonce ne s'encombre pas de questions concernant les pratiques rituelles. C'est un Dieu dont on n'a pas à mériter l'amour, dont les seules prescriptions sont celles de l'amour et de la justice. Jésus se montre libre par rapport aux institutions, qu'il ne méprise pas pour autant. Il n'est pas possible de vivre en société sans institution, encore faut-il que les institutions soient au service de la personne et du Royaume, non l'inverse. En lui, Dieu se révèle comme celui qui apporte une surabondance et qui reconnaît en chacun de nous un être unique.

Enfin, si Jésus inaugure le Royaume en sa personne, pour les évangélistes, il est difficile de gérer cette tension : d'un côté, il rejoint les gens, et d'une certaine façon, il apparaît comme le plus efficace des guérisseurs de l'époque, mais d'un autre côté, il est aussi celui qui sera crucifié. Pour la vision juive de la justice et du salut, comment assumer la contradiction au moment où les Évangiles sont écrits ? Pour finir, les communautés qui avaient expérimenté la grâce du Ressuscité n'ont pas cherché à effacer cette tension. Parce qu'elle est liée à la foi chrétienne. Nous annonçons un messie crucifié et ressuscité et les deux sont indissociables. De même que nous faisons l'expérience de morts et de résurrections dans notre propre vie. On comprend que, pour le peuple juif, il ait été difficile d'accepter cette Bonne Nouvelle. Ce sont plutôt les païens qui l'ont accueillie.

À la même époque existaient des mouvements de libération, des résistants, et parmi ceux-ci régnaient des chefs militaires, dont sans doute Barrabas. Parmi ceux qui ont suivi Jésus, on comptait des zélotes, des résistants à l'occupation. Leurs chefs se présentaient souvent comme capables de faire des miracles et de libérer le peuple par de grandes manifestations de force. Cependant, Jésus a toujours refusé de s'aligner sur eux, à cause du risque d'être pris pour un messie politique. C'est par l'amour qu'il est venu « rassembler dans l'unité les enfants de Dieu dispersés » (Jean 11, 52).

Cet amour s'est exprimé concrètement dans des gestes de guérison et de compassion, qui annonçaient déjà sa Passion. En effet, alors que les pauvres se répandaient en louanges, les autorités religieuses cherchaient un moyen de le réduire au silence, de le supprimer. Quelle place reconnaître aux guérisons de Jésus dans l'annonce de la Bonne Nouvelle ?

VII

Les guérisons de Jésus

La méditation des Évangiles nous montre la profonde compassion du Christ pour les personnes fragiles qu'il rencontrait, et donc pour nous. Elle nous donne aussi un grand espoir, surtout lorsque l'on considère le nombre de miracles de guérison et d'exorcismes que relatent les Écritures. Si Jésus guérit et libère, c'est bien pour nous révéler de quel amour le Père nous aime et pour nous montrer que la Bonne Nouvelle concerne la personne dans toutes ses dimensions. C'est aussi pour nous inviter à la conversion du cœur et à l'accueil du Royaume qu'il inaugure, un règne d'amour et de justice. Pourtant, Jésus n'a pas guéri tout le monde physiquement, il n'a pas résolu tous les problèmes de ceux qui se sont tournés vers Lui, mais il les a toujours accueillis avec bienveillance. Lui-même a connu la souffrance physique, l'angoisse, la tristesse. Il est passé par une mort atroce qu'il n'a pas cherché à éviter à tout prix. Alors, que retenir de ses pratiques de guérison et de son enseignement pour y puiser espérance et consolation ?

Des guérisons qui n'ont rien de magique

Fils d'Israël, Jésus a voulu respecter les critères qui vérifiaient l'authenticité des miracles à son époque. Mais il a aussi invité son peuple à élargir sa vision du salut en le libérant de l'opposition entre pur et impur et en rappelant que le sabbat est fait pour l'homme, avec une prédilection pour les exclus. Le salut qu'il apportait débordait largement les pratiques thérapeutiques de son temps : il s'agissait de la libération de l'être humain dans toutes ses dimensions. Peu l'ont compris et accueilli.

Les miracles qui constituent une référence privilégiée dans le Premier Testament sont ceux de l'Exode. Ils répondent à plusieurs critères. Pour satisfaire au premier d'entre eux, le miracle doit être dans la ligne de la Torah, correspondre à des événements qui ont été vécus par le peuple juif. Jésus en a tenu compte. À propos de la manne, on constate que la multiplication des pains y renvoie. La tempête apaisée ou bien la scène où il marche sur les eaux évoquent le passage de la mer Rouge ou la traversée du Jourdain. Une autre règle de la Torah précise qu'on ne peut jamais s'exposer soi-même dans le but de recevoir un signe de Dieu. Lors des tentations de Jésus au désert, Satan lui dit : « Jette-toi de là-haut », mais celui-ci lui rappelle qu'un croyant ne tente pas Dieu. Ceci est valable pour nous. Il ne s'agit pas de dire à Dieu : « Je vais faire quelque chose de déraisonnable, mais toi tu t'occupes de faire en sorte que je m'en sorte, et ce sera la preuve que tu existes. » Nous ne devons pas mettre Dieu au défi d'intervenir lorsque nous nous exposons inconsidérément. C'est une parole à entendre pour nos demandes adressées à Dieu. Mais parfois, nous voudrions bien le forcer à agir comme nous le voulons...

Ensuite, les signes ne doivent jamais forcer l'adhésion, ce qui implique le refus de la magie, de l'excès de merveilleux... C'est pourquoi Jésus a toujours refusé de poser des gestes extraordinaires. Quand Hérode l'a provoqué à faire un miracle (Luc 23, 8-12), il n'a pas bougé. Un autre élément important est la gratuité. Il n'y a vraiment de signe de Dieu que lorsque celui qui pose un acte ne retire pas d'avantage personnel en gloire, en argent, en privilège... Chaque fois que l'on a voulu faire de Jésus un roi, il a réagi. Par exemple, après la multiplication des pains, il s'est rendu compte de la fragilité de ses apôtres et il les a obligés à monter dans la barque et à traverser le lac (Jean 6, 15). Il est parti seul dans la montagne avec son Père, parce que lui aussi avait connu des tentations à certains moments et il puisait dans cette relation irremplaçable. Que ceux qui exercent des charismes aient la même humilité.

Bref, il fallait que les paroles et les gestes ne contredisent jamais l'enseignement de la Torah. Des chercheurs juifs contemporains, qui étudient le personnage historique de Jésus, soulignent que celui-ci était respectueux des règles du judaïsme. Tout en étant hors norme et en se posant en réformateur par certains aspects, il restait encore dans la norme, il n'a pas aboli la Loi. Toutefois, pour lui, le Royaume n'était pas de ce monde, d'où la tension entre le « déjà là » et le « pas encore ». Il inaugurait le Royaume en sa personne sans viser une royauté terrestre.

Une libération plus large que la guérison

Dans un passage de saint Luc, on peut percevoir la tension entre les responsables officiels et le message de salut que Jésus voulait apporter. En Luc 13, 10-17, Jésus guérit une femme courbée un jour de sabbat, dans une synagogue. Un quiproquo important se dresse entre l'interprétation des responsables de la synagogue et le geste de Jésus qui apporte une libération dont l'impact va au-delà de la guérison. En effet, ce texte montre comment Jésus se démarque de la pratique des guérisseurs de son temps et comment il relie ses miracles au Royaume. Au début de la péricope, il est dit que Jésus enseignait dans une synagogue. Il est en situation de rabbi, ce qui annonce que l'enseignement qui va suivre aura un poids particulier. En effet, la synagogue est le lieu où se donne l'enseignement de la loi juive, lieu de prière et de référence pour le culte. Jésus ne va pas prêcher par un discours mais par un geste de compassion. Ce geste sera ensuite complété par deux paraboles : celle du grain de sénevé et celle du levain dans la pâte. Or, il pose cet acte un jour de sabbat.

Jésus y rencontre une femme marquée par le temps : cela fait dix-huit ans qu'elle est courbée. Elle est accablée par un manque, elle souffre, elle est infirme, le mot utilisé est *asthenia*, il désigne une fragilité. Il existe un autre mot, *nosos*, pour nommer la maladie. Elle est donc fragile et cette fragilité s'exprime par le fait qu'elle est courbée. Elle est dans une attitude de repli, elle ne s'exprime pas, ne demande rien. Elle est le symbole de la personne fermée sur elle-même, incapable d'exprimer sa fragilité, à moitié morte, à moitié vivante.

Dans la première séquence, Jésus s'adresse directement à cette femme. On trouve quatre verbes qui expriment une progression : Jésus la voit, l'interpelle, lui dit : « Femme, te voilà délivrée de ton infirmité », puis il lui impose les mains. Jésus approche cette femme jusque dans son corps, alors qu'elle ne lui a rien demandé. Il y a comme une lenteur : il la touche, sans lui donner aucun ordre. Une rupture se produit alors dans sa vie, comme une pâque. À l'instant même, elle se redresse et se met à glorifier Dieu. C'est radical. Dans la parole qui est employée, Jésus prononce le verbe grec *luein*, délier : « Te voilà déliée. » C'est là-dessus que Jésus va insister ensuite dans son dialogue avec les gens de la synagogue. L'expression est employée ici au parfait, il s'agit donc d'une action qui est accomplie : « Tu es déliée. » Et on en voit immédiatement la manifestation. À ce moment-là, Jésus ne parle pas de l'esprit mauvais. La femme se redresse et glorifie Dieu, elle retrouve de la force, elle est capable de tenir debout et de parler. Voilà ce que fait Jésus : il remet debout, il rend la force, il rend capable de louer. Bien souvent la louange est le signe que l'on est sur un chemin de guérison ou, peut-être, que l'on est déjà restauré. Le Renouveau charismatique insiste beaucoup sur ce point.

La deuxième séquence rapporte la réaction du chef de la synagogue. Il déclare à la foule, sans s'adresser directement à Jésus : « Il y a six jours pour guérir et il ne faut pas vous faire guérir le jour du sabbat. » Il est indigné et il qualifie le geste de Jésus de « guérison ». Or Jésus a utilisé le mot *luein*, délier. Lui, il emploie le verbe *therapeuein*, c'est-à-dire guérir. Ce mot désigne le travail du guérisseur. Le chef signifie que guérir, c'est réaliser un travail, or, comme c'est le jour du sabbat, par cet acte, Jésus a transgressé la Loi.

Jésus veut démontrer cette mauvaise foi. La troisième séquence expose sa réponse. Il est dit qu'il parle maintenant en tant que *Seigneur :* « Le Seigneur lui répondit » – on perçoit la force de ce titre. Ce que Jésus reproche, c'est le manque de jugement, de discernement des responsables. Ces derniers sont souvent qualifiés par les traducteurs d'« hypocrites ou hommes pervertis » mais ce verbe, employé dans son sens étymologique, signifie bien : « celui qui manque de discernement », qui vient du verbe *krinein*, juger, et *hypo*, « être en dessous ». Celui qui n'est pas capable de faire le bon discernement... Cette première réaction contraste avec la louange proclamée par la femme et reprise par la foule. Jésus renvoie alors à l'usage quotidien et les mots lier et délier reviennent plusieurs fois. Il dit par exemple : « Chacun délie son animal le jour du sabbat. » La vie continue ! Il est donc normal qu'un certain nombre de gestes en rapport avec la vie soient posés, comme délier son animal pour le faire boire.

Ensuite, Jésus parle de la femme courbée comme d'une « fille d'Abraham », celle qui est destinataire de la promesse. On pourrait entretenir la vie de l'âne mais, lorsqu'une fille de la promesse est liée, il ne faudrait pas lui apporter la vie ! Elle était liée par l'adversaire – Jésus dit que c'est Satan qui l'a liée – et il faudrait encore attendre ! Ces mots résonnent comme les mots d'un accouchement puisqu'on trouve trois fois le mot lien dans ce texte. Ils caractérisent d'une part l'acte de déliement de l'âne et, ici, les liens de la femme et la libération qui lui est donnée. Le verbe délier est encore employé par rapport à l'action de Satan et le substantif lien est utilisé à propos de la corde qui tient l'animal. En outre, cet acte de déliement est réalisé le jour du sabbat, précisément pour montrer que ce n'est pas un jour quelconque, mais que c'est le jour du don de la Vie. Du coup, ce qui semblerait être de l'ordre d'un travail thérapeutique, signifie ce pourquoi Jésus est venu, c'est-à-dire pour apporter une plénitude de vie qui vient de Dieu. La preuve, c'est qu'elle est donnée le jour même qui est consacré à Dieu.

Jésus ose une rupture dans la pratique habituelle de la guérison pour manifester que ce qu'il apporte va bien au-delà de ce que ferait un guérisseur traditionnel. Ce dernier, s'il est un Juif pieux, ne pratiquerait pas en effet le jour du sabbat. Or, le sabbat a été institué pour que « tu te souviennes que tu as été esclave au pays d'Égypte, et que le Seigneur Dieu t'en a fait sortir » (Deutéronome 5, 15). Célébrer le sabbat, c'est faire mémoire de la libération des fils d'Israël de tout esclavage. C'est bien ce salut que Jésus apporta ce jour-là à cette femme... Le temps de sa présence est un temps fondateur, comme le fut celui de l'Exode pour le peuple d'Israël.

Dans la scène finale, on rencontre deux groupes : les adversaires, choqués, et la foule, ivre de joie. « Comme il disait cela, tous ses adversaires étaient remplis de confusion (au sens étymologique de : "ils ont perdu la face"), tandis que la foule était dans la joie de toutes les choses magnifiques qui arrivaient par lui. » Nous retrouvons ici le terme *mirari*, qui signifie « l'émerveillement devant le signe clair que le Seigneur est présent à son peuple ».

Les deux petits textes qui suivent sont des paraboles qui donnent la portée du miracle. Jésus dit immédiatement après : « À quoi allons-nous comparer le Royaume ? » On peut évoquer le grain de sénevé, tout petit mais qui deviendra un grand arbre, et le levain qui fait lever la pâte dans le secret. Jésus vient donc révéler ce qui est caché, vient délier ce qui est lié. Il poursuit ostensiblement l'œuvre de libération de Dieu commencée pour son peuple en Égypte. Ces paraboles montrent aussi que cette guérison peu importante – de la même façon que le grain de sénevé ou le levain sont insignifiants en eux-mêmes – est le signe d'un déploiement en devenir. Jésus donne ainsi un enseignement sur le rôle qu'il remplit depuis qu'il a été envoyé dans le monde par son Père. De même, il redonne son sens au sabbat, dont la signification doit être pleinement donnée : il s'agit de faire mémoire de la libération de l'esclavage pour tous les fils d'Israël. Ce n'est donc pas seulement un acte de compassion que Jésus a posé là, envers la femme courbée, c'est l'annonce qu'un temps nouveau est inauguré en sa personne, la venue du Règne, un Règne qui n'aura pas de fin.

Le Christ nous rejoint là où nous sommes

Une autre guérison montre particulièrement bien comment Jésus accueille les malades avec leur demande, telle qu'elle est exprimée. Il s'agit de la guérison de la femme qui souffre d'hémorragie (Marc 5, 24-34).

L'épisode commence par une quête de recouvrement magique de la santé, et se termine par le don d'un salut, une proposition de relation personnelle avec Dieu. Que s'est-il passé ce jour-là ? D'après les préceptes du Lévitique (15, 25), tout écoulement de sang par les organes est une situation d'impureté. Exclue socialement et moralement, la femme atteinte d'hémorragie ne peut donc ni sortir de chez elle, ni toucher Jésus. C'est pourquoi il ne lui reste qu'une solution : rejoindre celui-ci secrètement et bénéficier de son pouvoir, à la faveur de la foule. Avant cet épisode, il est dit en effet que Jésus a guéri beaucoup de malades, au point que tous ceux qui étaient frappés d'un mal quelconque se jetaient sur lui (Marc, 3, 10). La femme qui souffre d'hémorragie s'approche elle aussi, anonyme parmi les anonymes. Elle est certes en rupture avec les autres malades, qui implorent le pouvoir du Christ, mais elle croit en une force qui émanerait de lui. Et en effet, le miracle a lieu par le simple toucher des vêtements du Christ ; ce miracle est renforcé par la mention préalable de l'échec des médecins, qui ont pris à cette femme tout ce qu'elle possédait, sans cependant l'avoir soulagée de son mal.

Jésus, quant à lui, la guérit de façon tout à fait consciente. Marc utilise le langage de la croyance populaire quand il fait dire à Jésus qu'il a senti une force sortir de lui. On pourrait penser au langage du *New Age* ! Jésus a-t-il vraiment « senti » une force surgir de lui ? Tout laisse à penser qu'il savait, qu'il avait perçu l'attente de cette femme, et qu'il l'a guérie volontairement. Il aurait pu dire : « Écoute, ne me touche pas comme cela en cachette ! demande-moi ce que tu veux », mais il l'a d'abord guérie, puis il s'est tourné vers elle ; il a « joué le jeu ».

Jésus arrête sa marche au risque de la mettre en danger, à cause de sa situation d'impureté, ou de l'humilier publiquement... Il tient cependant à lui donner la signification profonde de ce qui était une guérison volée et anonyme. Il veut lui signifier : « Ne crois pas que je sois simplement un magicien qui a un plus grand pouvoir que les autres. » Même si, au départ, il est entré dans une logique de *guérison*, il répond avec une proposition de *salut*. Il est allé au-delà des règles sur l'impureté, puisqu'il n'a pas hésité à se laisser toucher par elle. Plusieurs fois, Jésus a rompu avec les interdits d'impureté, que ce soit par rapport aux aliments, aux lépreux, aux femmes... Il est sorti de cette logique pour appeler à une sainteté qui prend son origine dans le cœur profond et non dans des interdits extérieurs.

Il lui dit : « Ma fille ». Ce n'est pas une parole de supériorité, mais quelque chose de l'ordre d'un réengendrement qui se produit là. Elle aussi est fille d'Israël. Il montre qu'il connaît son problème, qu'il a agi intentionnellement. Quand il lui dit : « Ta foi t'a sauvée », c'est une façon de lui dire : « L'important pour toi, c'est moins que ton corps ait été guéri, que le fait que tu m'aies rencontré. » Nous voyons que le cœur de ce que propose Jésus, c'est une relation qui rend à l'autre toute son identité, sa dignité. À elle, femme recluse, impure, donc jugée pécheresse, marginalisée dans la société, il rend sa dignité de femme, de personne, et la réinsère socialement. De plus, elle a l'occasion de découvrir qui est Jésus comme sauveur. Nous pouvons espérer qu'elle aura reçu la possibilité de reconnaître le Père comme son Père et qu'elle aura découvert la foi.

Jésus a donc accepté l'ambiguïté de cette demande de guérison qui s'adressait plutôt à des pouvoirs, pour ensuite appeler cette femme à un déplacement vers la vraie source – son amour à lui et son désir de la sauver –, en lui donnant le sens de ce qu'elle venait de vivre. On le voit, il suffit d'un balbutiement de confiance pour que le Seigneur agisse. Il a voulu dire à cette femme qu'il pouvait lui apporter infiniment plus qu'une amélioration de son état physique, de son état moral, de son exclusion, et que ce qu'il lui rendait, c'était sa dignité d'enfant de Dieu, de bien-aimée de Dieu.

C'est important pour nous, parce que cette guérison nous montre qu'au cœur de la dignité d'enfant de Dieu, il y a aussi des fragilités. Et le fait que le Seigneur les reconnaisse peut apporter une libération. On ne peut pas continuer à penser : « Il faut porter sa croix », et, à l'extrême : « Plus tu souffriras aujourd'hui, mieux tu seras récompensé demain. » Ce qui ne signifie pas qu'il faille fuir la croix. Mais cette guérison témoigne d'attitudes de Jésus que l'on a parfois oubliées. En effet, même dans la pratique de l'onction des malades, pendant longtemps, il n'a plus été fait allusion au pouvoir de guérison de ce sacrement ! Alors, on a beaucoup encouragé les gens à se confesser, à supporter leur croix.

Ce travail de réengendrement à travers une relation, Jésus le poursuit aujourd'hui grâce à d'autres démarches, à l'engagement de ceux et celles qui accompagnent et soutiennent des personnes fragiles au nom de la miséricorde de Dieu. Ces démarches d'accueil touchent aussi bien le corps que la rupture de relation avec les autres ou avec Dieu. La plénitude de ce salut, les apôtres ne la comprendront qu'après la résurrection, mais déjà, il y a une anticipation de la Passion dans l'expérience de la compassion.

Ce que nous pouvons retenir d'essentiel de cet événement, c'est que Jésus part toujours de là où nous en sommes. Son amour est inconditionnel, il est présent même au milieu de nos balbutiements, de l'ambiguïté de nos attentes. On le constate aussi dans le « retour de l'enfant prodigue » évoqué dans la parabole du Père miséricordieux (Luc 15, 11-32). On ne peut pas dire que les motivations du départ du jeune fils étaient parfaitement pures, indépendamment de la blessure donnée à son père. Quand les gens s'adressent à nous pour être aidés, il est important, quand c'est possible, de leur faire découvrir que notre rôle n'est pas uniquement de les soulager psychologiquement par une écoute et un accueil bienveillants et attentifs. Nous pouvons les amener à percevoir qu'ils sont invités à adhérer à une autre réalité. Les aider à comprendre que Dieu n'est pas celui qui punit ou qui envoie la maladie. Nous l'avons vu, souvent, la première guérison est celle du rapport à Dieu : qu'ils arrêtent de se culpabiliser et de L'accuser et qu'ils comprennent que leur épreuve ne leur est pas envoyée par Lui ! On ne cessera de le redire.

La première étape de la guérison peut être aussi une étape vers le salut. Jésus part de l'ambiguïté, de la fragilité, de là où en est la personne, sans poser de conditions préalables, et en même temps il accueille le moindre balbutiement de confiance. Jésus ne force pas notre liberté, mais dès que nous entrouvrons la porte, la grâce s'y précipite. C'est ce que le Seigneur nous apporte : la dimension « holistique » se révèle dans le salut donné par Jésus : la personne est concernée dans toutes ses dimensions. Il y a aussi une annonce de la résurrection. C'est pour cela que la compassion annonce la passion-résurrection. Si Jésus a voulu aller aussi loin dans sa compassion, c'est qu'il annonçait déjà qu'il allait vaincre le mal. Cette annonce du salut atteindra son sommet au moment de sa mort-résurrection.

Bref, en revenant aux pratiques de guérison de Jésus et en les replaçant dans leur contexte, nous comprenons peut-être mieux de quelle façon il nous rejoint dans notre accompagnement des gens fragiles et dans notre propre relation à Lui. Il nous demande de nous laisser toucher, rejoindre, aimer par lui. Ces récits nous rappellent aussi que le salut ne s'identifie pas forcément à une guérison physique. Que ce soit dans la joie des témoins à la synagogue, dans l'enseignement donné aux responsables afin de les inviter au discernement, dans le déplacement de la demande magique qu'il réalise avec la femme souffrant d'hémorragie, il montre que la libération et le salut qu'il inaugure est une révélation de la tendresse inconditionnelle de Dieu pour chaque être humain. Accueillir cette Bonne Nouvelle, c'est déjà être sauvé, quand bien même nous ne sommes pas guéris physiquement ou psychiquement.

Vient alors la question que beaucoup de croyants se posent aujourd'hui : ces guérisons n'avaient-elles lieu qu'à l'époque où Jésus était présent parmi nous ? Ou seulement aux débuts de l'Église ? Dieu guérit-il encore aujourd'hui ? Si oui, de quelle façon ? Et de quoi ? Comment l'accueillir ?

VIII

Dieu guérit-il encore aujourd'hui ?

La question de la guérison peut devenir lancinante quand on souffre moralement, psychiquement ou physiquement, surtout quand la médecine n'arrive pas à soulager la douleur. On est alors tenté de chercher à guérir à tout prix[1], que ce soit par une sorte de chantage avec Dieu, par des démarches plus ou moins magiques, ou encore par l'usage non discerné de thérapies parallèles qui n'ont pas encore fait leurs preuves. Où situer alors les guérisons apportées par le Christ que nous sommes invités à demander ? Parce que le Christ est amour et que son Esprit-Saint est toujours à l'œuvre, une prière n'est jamais sans effet. La difficulté est parfois de discerner ce que nous pouvons demander et comment il y répond. Son action est souvent discrète – même s'il existe aussi des miracles visibles. À nos yeux, il paraît souvent trop lointain ou silencieux. Comment poser un regard de foi sur ce qui semble souvent relever de l'invisible ; garder l'espérance ?

Nous avons déjà commencé à interroger l'Écriture et l'expérience spirituelle des chrétiens. Nous avons vu qu'il y a eu un choix explicite de la part de Jésus pour les plus fragiles et les plus vulnérables. Cela lui a valu sa propre exclusion et son élimination. Lui qui disait : « Ce ne sont pas les bien portants qui ont besoin du

1. Voir Bernard Ugeux, *Guérir à tout prix ?*, *op. cit.*

médecin mais les malades, je ne suis pas venu appeler les justes, mais les pécheurs au repentir » (Luc 5, 31-32). À la question : Dieu guérit-il encore aujourd'hui ?, plusieurs réponses semblent possibles qui ne font pas toujours l'unanimité. Il faut aussi préciser ce que l'on entend par guérison. Certains diront que la réponse est évidente : « Oui, Dieu guérit aujourd'hui, il suffit de regarder autour de soi, il y a plein de signes, de miracles, et celui qui est capable de voir, les voit. » D'autres, de façon aussi péremptoire, répondront : « Non, Dieu laisse faire le mal, il est impuissant, il a laissé faire Auschwitz, le Rwanda, le Kosovo, où était-il durant ces drames ? » D'autres encore diront : « Non, ceux qui voient ou cherchent des guérisons se trompent, ils ont une conception magique, utilitaire de la religion, il faut se méfier des gens qui veulent guérir ou des groupes qui disent guérir. » Pour certains, « les guérisons, c'était pour le temps du Christ, puis celui des Actes des apôtres. Les communautés avaient besoin d'une intervention spéciale de l'Esprit-Saint au début de l'histoire de l'Église, mais maintenant tout cela est terminé, vivons notre quotidien, et ne cherchons pas autre chose ailleurs ».

Cette dernière réponse est cependant en contradiction avec l'enseignement du concile Vatican II. Un important débat a eu lieu à ce propos parmi les théologiens et les évêques, qui ont fini par conclure à l'actualité des charismes – dont le charisme de guérison – pour édifier l'Église en tout temps – et particulièrement en temps de crise comme aujourd'hui, pourrait-on ajouter.

Jésus nous rejoint dans toutes nos dimensions

Cependant, nous pouvons donner une première raison à l'actualité des guérisons : Jésus en a réalisé de son temps et nous a dit de poser à notre tour les gestes qu'il a réalisés vis-à-vis des exclus et des malades. Les paroles : « Faites cela en mémoire de moi » (1 Corinthiens 11, 24) renvoient non seulement au rituel de l'eucharistie, mais aussi au lavement des pieds, au don de sa propre vie jusqu'au bout. À l'Ascension, Jésus a également dit : « Tout pouvoir m'a été donné au ciel et sur la terre » (Matthieu 28, 18), avant d'envoyer ses apôtres poursuivre ce qu'il avait commencé. Ils l'avaient eux-mêmes déjà expérimenté lors de leur « stage pastoral » quand ils furent envoyés par lui deux par deux (Marc 6, 7).

Nous l'avons vu, ce n'est pas uniquement sur la guérison spirituelle que Jésus a mis l'accent. Quand le Christ guérit, c'est toujours en rapport avec le Royaume de Dieu. C'est pour donner un signe clair que dans sa personne commence le Règne, une ère nouvelle où tout sera renouvelé, où tout deviendra possible *autrement*, pour qui lui fera confiance. Les guérisons et les autres gestes miraculeux ont donc toujours été reliés à l'amour et à l'annonce de la Bonne Nouvelle, et donc à l'irruption de ce règne de l'amour. Jésus guérit physiquement et chasse les démons pour manifester la victoire de l'amour sur le mal. Il apporte un salut qui concerne la personne dans toutes ses dimensions : corps, âme, esprit.

Dans l'histoire de l'Église, la tentation de désincarner le salut s'est fait jour à certaines époques que nous avons déjà évoquées. Bien que notre Dieu se soit défini comme l'amour, un amour qui a pris un corps humain, parfois, une réelle méfiance pour tout ce qui était de l'ordre des sentiments et du corps a régné. J'estime que c'était une infidélité à l'incarnation. Jésus a guéri physiquement et psychiquement pour nous révéler que le corps lui-même était concerné par le salut, car l'Esprit-Saint peut restaurer toute la personne, dans toutes ses dimensions. La conséquence est que vivre dans l'Esprit, ce n'est pas vivre désincarné. Certes, il faut mener un combat contre les passions, mais cela ne signifie pas ne plus vivre d'émotions, ignorer l'affectivité, l'opposer à la spiritualité. Un chemin de sainteté n'est pas un chemin de mutilation, ni de déshumanisation.

Certains reprochent cela aujourd'hui à l'Église catholique ou au christianisme en général, parfois sans doute de façon excessive. Des « chercheurs d'absolu » contemporains pensent qu'il n'y a pas moyen, dans le cadre de l'Église catholique, de vivre une quête spirituelle qui prenne en compte le corps, l'affectivité, la sexualité, la liberté, la singularité. Ils pensent que, de toute façon, il y aura une récupération dogmatique ou moralisatrice à un moment ou à un autre et qu'ils ne seront plus respectés dans leur liberté. Qu'en conclure à propos de notre discours et de notre comportement chrétiens, qui induisent ces jugements ?

Cela est traditionnel, on sait qu'une spiritualité se vit toujours dans une affectivité. Si la vie spirituelle chrétienne est une vie de relation, elle concerne l'affectivité autant que l'intelligence, les deux vont de pair. À un chrétien qui dirait : « Moins je ressens d'émotions, moins je m'occupe de mon affectivité, plus je suis spirituel », je réponds : « Casse-cou ! » Mais je le dis aussi à ceux qui s'imaginent que parce qu'ils ont vécu un jour une forte émotion, ils ont fait automatiquement une réelle expérience spirituelle. On ne peut pas s'engager sur un chemin spirituel sans investir dans un minimum de travail de connaissance de soi quant à sa vie affective, à ses fragilités, à ses capacités de croissance, sauf à s'imaginer une perfection qui n'a rien à voir avec la sainteté.

La vie dans l'Esprit-Saint peut dilater l'être aux dimensions d'un amour que nous devinons à peine, tellement il nous dépasse. Un amour qui comble, dès maintenant, sans éradiquer cependant nos faiblesses et nos limites. Nous savons que quelqu'un qui aime, qui se sait aimé, en est transfiguré, même physiquement. On s'attendrit sur le visage des amoureux, mais les chrétiens se laissent-ils aimer ? Leurs yeux sourient-ils ? Le salut qu'apporte Jésus vise « la joie imprenable » – titre d'un beau livre de la théologienne protestante Lytta Basset[2] – qui transfigure jusque dans les profondeurs.

La guérison ne dispense pas de toute fragilité

Pourtant, et ceci est important, Jésus n'a jamais identifié guérison et salut. Il n'est pas d'abord venu pour réaliser des guérisons. D'autres personnes guérissaient de son temps. Il n'a

2. L. Basset, *La joie imprenable*, Labor et Fides, 1996, coll. Spiritualités vivantes, Albin Michel, 2004.

jamais fait de la guérison la preuve du salut ou la condition de celui-ci, mais bien un signe du règne de Dieu. Les Évangiles rapportent de nombreux récits de miracles, mais Jésus n'a pas guéri tout le monde. Ensuite, il n'a pas promis une vie sans souffrance, lui qui disait à ses disciples que pour le suivre il fallait porter sa croix. Parce qu'il savait regarder la nature, il a dit : « Le grain qui veut porter du fruit, doit mourir » (Jean 12, 24).

Lui-même n'a pas cherché à éviter la souffrance. Comme nous l'avons vu plus haut, cela nous dérange. Dans le fond le plus archaïque de notre être, nous aimerions qu'un Dieu tout-puissant, invulnérable, intervienne efficacement dans tous nos soucis, résolve tous nos problèmes. Ce désir est issu d'une fragilité en nous, qui peut provenir de la nostalgie de la plénitude que nous avons connue à l'époque où nous étions dans le sein de notre mère. Il renvoie aussi à un manque primordial qui est bénéfique : créés à l'image et comme à la ressemblance de Dieu, nous gardons la soif de retrouver notre origine. Il relance sans cesse notre désir, mais nous pouvons nous fourvoyer à ce propos et chercher à tout prix à combler ce manque.

Ressuscité, vainqueur du mal et de la mort par l'amour, le Christ nous a ressuscités avec lui, mais sans nous dispenser de passer, chacun d'entre nous, par un chemin semblable au sien, c'est-à-dire un chemin à la fois de plénitude et de béance, de fragilité et de fécondité, une pâque. Or, s'il nous rappelle qu'il n'est pas possible de porter du fruit sans souffrir, il n'a jamais glorifié la souffrance pour elle-même. Il n'a jamais dit que la souffrance était bonne, ni qu'elle faisait partie d'une soi-disant pédagogie divine. Il a reconnu qu'elle était inévitable, et il a montré qu'à certaines conditions, elle pouvait être féconde, que, vécue avec lui, elle pouvait porter du fruit.

Dieu n'a pas sacralisé la souffrance, et, en Jésus-Christ, il a lui-même expérimenté les conséquences de la souffrance sur le psychisme et sur le corps, par exemple dans l'angoisse que celui-ci a vécue à Gethsémani, ou dans son expérience de l'abandon sur la croix. Jésus n'a jamais prononcé de discours sur la souffrance. Il a posé des gestes de compassion, de proximité, d'accueil. Soulager était pour lui un impératif moral qui devrait aussi nous mouvoir devant la fragilité de l'autre.

Ainsi, durant sa Passion, Jésus n'a pas sauvé l'humanité en fonction de la *quantité* de souffrance vécue alors, mais d'abord grâce à la *qualité* d'un amour qui est allé jusqu'à la déchirure, jusqu'au pardon, et au pardon des assassins. Il faut donc être prudent quand nous parlons de la « fécondité de la souffrance ». Il faut toujours en parler à la première personne. Si nous pouvons en témoigner pour nous-même, parce que nous en avons fait l'expérience, faisons-le humblement pour l'édification de tous. Mais ne moralisons pas les autres. Parce que chacun est unique dans sa façon de souffrir. Certains bons croyants sont allés jusqu'à la révolte et au rejet de Dieu. Accompagnons ceux qui souffrent de notre tendresse, au nom du Seigneur. Ils comprendront ce qu'ils pourront de ce qui leur sera donné à travers cet amour qui ne vient pas de nous. Là, le silence et la simple présence sont souvent les plus éloquents.

Revient la question : « Dieu guérit-il encore aujourd'hui ? » N'oublions pas : Dieu crée sans cesse. Il donne la vie, à chaque instant, et nous pouvons croire que tout processus de guérison est aussi un acte de création, autant que de compassion. Dieu aime sans cesse, parce que tout acte créateur est un acte d'amour et parce qu'Il n'est qu'amour. Si Dieu cessait un instant de nous aimer, nous cesserions d'exister. En saint Jean, nous lisons : « Mon Père est toujours à l'œuvre, et moi aussi je suis à l'œuvre » (5, 17). Dieu ne s'est pas retiré du monde après la Création, pour abandonner l'homme à lui-même et le laisser se débrouiller avec sa liberté. Dans l'acte même de créer, s'annonçait l'acte de sauver. Dieu savait qu'en nous créant libres, à son image et à sa ressemblance mais avec cette liberté fragile de choisir entre le bien et le mal, de Le refuser, il Lui faudrait nous rejoindre pour nous apprendre à aimer. Il a voulu nous libérer des conséquences de nos mauvais choix, grâce au repentir. Cela, il l'a fait en Jésus-Christ. Quand le Christ dit que Lui et son Père sont à l'œuvre, c'est bien une façon de dire que l'Esprit-Saint agit sans cesse dans le monde et dans l'humanité, et que sa puissance est imprévisible une fois qu'on lui libère l'espace pour agir. Cela dépend aussi de nous !

Alors, comment Dieu guérit-il ? Qu'entendons-nous donc par « guérir » ? S'il est question de recouvrir la santé, on ne peut nier que certaines personnes la recouvrent. Tout d'abord, grâce à la compétence et au dévouement des soignants, des professionnels de santé, des visiteurs, des familles. Ceux qui apportent les soins, l'intelligence, l'amour, sont aussi des dons de l'Esprit. Certaines guérisons sont aussi données en et par l'Église dans les sacrements, par l'intercession de la communauté chrétienne, dans des lieux de pèlerinage, des groupes de prière, des chaînes d'intercession. Dieu guérit plus souvent qu'on ne le pense, mais il est souvent pudique, que la guérison soit scientifiquement démontrable ou non.

Prier pour la guérison suppose un vrai discernement

Il ne faut cependant pas crier au miracle ou à la grâce de guérison sans discernement. Si les fruits de la vie de la personne montrent qu'effectivement le Seigneur a été à l'œuvre, il y a là un signe important. Dans ce cas, on peut considérer l'amélioration ou la guérison comme un don gratuit de la compassion de Dieu. « Don gratuit » se traduit par « grâce » en latin ou par « charisme » en grec. C'est pourquoi les grâces et les charismes sont donnés sans cesse, signes que Dieu agit maintenant.

Il existe une nouvelle approche de la guérison aujourd'hui. Tout d'abord, les progrès de la psychanalyse, de la psychosomatique, les recherches en ethnomédecine, etc., ont amené les médecins eux-mêmes à ne plus être si sûrs des causes d'une guérison. Par une approche plus globale de la personne – que l'on emploie ou non l'expression *holistique* pour désigner une médecine qui traite de l'intégralité de la personne –, on a découvert que les causes des maladies et des guérisons étaient infiniment plus complexes que l'attaque d'un virus ou l'efficacité de la molécule d'un médicament. On connaît l'effet placebo qui optimise un traitement par la qualité de la relation thérapeutique, grâce à un contexte de soin favorable, bref, tout ce qui sollicite positivement les capacités naturelles d'auto-guérison de l'organisme. Si bien que les médecins eux-mêmes sont beaucoup plus prudents, et dans le diagnostic, et dans la définition de la guérison, et dans les étiologies (la science des causes des maladies).

Aujourd'hui, dans l'Église, on reconnaît plus volontiers que certaines améliorations et guérisons sont véritablement des dons de Dieu pour la communauté, même s'il y a des explications naturelles possibles. Le risque, c'est de nommer « miracle » n'importe quelle amélioration et de ne pas suffisamment vérifier l'authenticité de la guérison. Cela touche ici au discernement, qui doit être réalisé par des personnes ayant la charge de déclarer s'il y a eu une grâce de guérison. Ceux qui prennent la (grave) responsabilité d'organiser des groupes des prières proposant des démarches de guérison ont le devoir de se former sur les plans spirituel, théologique, psychologique et, éventuellement, de se faire conseiller médicalement lorsque c'est nécessaire, pour ne pas tomber dans l'illusion. Dans cette perspective, au sein des communautés chrétiennes qui essayent de vivre l'amour fraternel, la prière, la foi, la confiance dans le Père, certains « miracles » sont donnés qui sont des fruits de l'amour. Ce sont aussi tous ces petits signes qui font dire : « Le Seigneur a agi. » On s'en émerveille, et on rend grâce. On n'a pas forcément besoin d'une déclaration patentée de l'évêque du lieu pour s'en émerveiller dans la foi.

Maintenant, il faut être prudent par rapport aux personnes qui vivraient une maladie grave – surtout une maladie chronique ou psychiatrique – avant de déclarer qu'il y a guérison. Une responsabilité de vérification et d'accompagnement s'ensuit. Il est aussi important de suivre les personnes qui ont vécu une guérison que celles qui n'ont pas obtenu ce qu'elles ont demandé. Dans les deux cas, il est nécessaire de situer cet événement dans l'ensemble de la vie de la personne, en lien avec l'Église, sous le regard de Dieu.

On note, que ce soit à Lourdes ou dans le cadre du Renouveau charismatique ou dans d'autres démarches de prière, qu'il y a beaucoup plus de guérisons intérieures que de guérisons physiques ou psychiques. Or, comme ce sont souvent des réalités que l'on ne peut pas constater aisément, elles sont plus difficiles à répertorier. Nous savons que des guérisons intérieures peuvent avoir des répercussions psychiques et physiques. Étant donnée l'interaction constante entre l'organique, le psychique et le spirituel, il n'est pas toujours possible de préciser ce qui est cause et ce qui est effet. Dans certains groupes chrétiens, on insiste beaucoup aujourd'hui sur la guérison de la mémoire. Les chercheurs et les soignants travaillent aussi sur la mémoire, que ce soit dans le domaine de la psychosomatique ou, en micro-kinésie, en kinésiologie, à propos de la mémoire du corps et du psychisme. Bref, on constate des guérisons psychologiques et physiques dont les effets sur le chemin intérieur sont des critères d'authenticité. On juge l'arbre à ses fruits.

Mais ce n'est pas cela qui importe en premier, même s'il faut oser demander ces grâces puisque le Seigneur a dit : « Frappez et on vous ouvrira » (Matthieu 7, 7). Le plus important, dans une démarche chrétienne, n'est pas d'abord la guérison. Ce n'est pas non plus en premier lieu la libération du péché, mais c'est l'accueil de la relation filiale avec le Père. On a beaucoup parlé du péché dans le christianisme – qui est certes une réalité importante à ne pas éluder ! –, mais parfois trop maladroitement. Au point que des gens qui se sont exagérément culpabilisés ont claqué la porte de l'Église. Ils avaient l'impression d'être jugés pour des difficultés dont ils avaient conscience qu'elles ne dépendaient pas totalement de leur volonté. Je pense ici à ce qui concerne la compulsion, c'est-à-dire une pulsion qu'une personne n'a actuellement pas les moyens de maîtriser complètement. Sa responsabilité morale n'est pas engagée puisqu'elle n'est pas libre de la contrôler, même si elle a la responsabilité d'en vérifier les effets sur les autres. Nous savons comment les péchés par rapport à la sexualité ont pu être stigmatisés de façon obsessionnelle à certaines périodes de l'Église, qui ne sont peut-être pas si lointaines. Aujourd'hui, pointe parfois le risque de l'effet inverse : un laxisme et un égocentrisme pernicieux.

Certains se demandent si Dieu guérit ailleurs que chez les chrétiens. Saint Jean écrit : « Qui demeure dans l'amour demeure en Dieu » (1 Jean 4, 7). Dans tout acte d'amour, de tendresse, de compassion posé par une personne, de quelque religion qu'elle soit, du point de vue de la foi chrétienne, l'Esprit de Dieu est à l'œuvre, d'une façon mystérieuse. Parce que créé à l'image et à la ressemblance de Dieu qui n'est qu'amour, chaque fois que quelqu'un pose un geste d'amour, il permet à Dieu d'être Dieu. Même si celui qui pose cet acte d'amour n'en est pas conscient et ne le connaît pas. Cela aussi est de l'ordre du mystère de l'amour. Pour un chrétien, Dieu est à l'œuvre chez un soignant athée qui fait consciencieusement son travail et qui aime ses malades.

D'autres se demandent alors si le thérapeute a besoin de Dieu pour guérir, et inversement. La tradition médicale dit : « Le médecin soigne, mais c'est Dieu qui guérit » (Ambroise Paré). Ce n'est pas le thérapeute qui guérit. C'est pourquoi on parle habituellement de soignant, et non de guérisseur. Si c'est Dieu qui guérit, ceux qui ont un charisme dit « de guérison » ne doivent pas l'oublier non plus. En étudiant les autres religions, on découvre aussi d'autres médecines. J'aime l'exemple du médecin tibétain, qui est souvent un moine, et j'apprécie toutes les conditions qu'il doit remplir avant de soigner. Il est invité à la sérénité, à la compassion, à la justesse par rapport à lui-même, à la communion dans le *dharma*, qui est l'ordre du monde, avec la *sangha*, sa communauté, et avec le *Bouddha*, le Médecin par excellence. Dès le matin, il se met en quête de ces trois « joyaux » avant de recevoir le premier patient. Un médecin tibétain qui est conforme à la tradition n'acceptera jamais de recevoir un patient sans avoir pris un long temps de méditation pour se mettre en contact avec son être profond[3]. Cela est déjà un don de l'Esprit, une semence du Verbe, une valeur du Royaume, d'après Vatican II.

3. J'emploie ici un langage occidental.

Je dirais donc qu'effectivement le thérapeute a besoin de Dieu, dans le sens où il a besoin d'aller puiser aux sources les plus profondes de ses capacités de compassion pour pouvoir accueillir un patient dans la justesse. Certains médecins chrétiens agissent de même. Quant aux authentiques guérisseurs traditionnels africains, ils se mettent à leur façon en contact avec Dieu, *via* les esprits et les ancêtres, pour recevoir la force nécessaire à l'exercice de leur art, car ils sont conscients qu'elle ne vient pas d'eux.

Que Dieu ait besoin des thérapeutes, cela paraît donc évident. Il a confié ce monde à l'homme, il lui a donné l'intelligence à son image et à sa ressemblance. Il lui demande d'utiliser cette intelligence pour le soin des autres. Pour éviter d'entrer dans une relation de type magique avec lui, il lui a aussi confié la responsabilité d'inventorier les plantes, d'étudier le corps, d'apprendre à poser des diagnostics, de chercher des étiologies, et de se dévouer pour se soigner les uns les autres. L'histoire de la médecine – des médecines – fait aussi partie du projet d'amour de Dieu pour l'humanité.

Nous pouvons donc dire que Dieu guérit et sauve aujourd'hui comme auparavant, que nous avons à apprendre à discerner sa présence même dans l'absence de guérison visible. Le salut est une libération de la vie en l'homme qui a des effets dès maintenant, même s'il ne dispense aucun de nous de vivre un chemin pascal pour accueillir pleinement la vie, toujours offerte.

Il nous faut maintenant nous tourner vers le salut qu'apporte le Christ ressuscité. Le mot salut n'est pas plus à la mode ni compréhensible que celui de péché pour nombre de nos contemporains. C'est pourquoi ils estiment ne pas avoir besoin de sauveur, puisque l'idée de péché n'a pas de sens pour eux. Ils n'arrivent pas à relier leurs fautes ou leurs manques d'amour à une atteinte à l'amour de Dieu, dans lequel beaucoup ne croient plus. Cependant, en dehors de cela, le salut qu'apporte le Christ ne doit pas être pris pour une opération de sauvetage. Bien plus, son salut ne se limite pas à la libération des effets du péché. Il est la révélation de notre identité originelle : nous sommes les enfants bien-aimés d'un Père dont l'amour est inconditionnel.

IX

La bonne nouvelle du Salut

Quelle autre bonne nouvelle peut-on annoncer à une personne fragile que la promesse de sa guérison ? Pourtant, ce n'est pas à cette annonce – si importante soit-elle – que se réduit le salut inauguré dans l'Évangile. À moins que la guérison ne soit également comprise dans le sens de paix du cœur, de réconciliation avec soi-même, avec les autres, avec Dieu, dans le sens de consentement à une réalité inéluctable, de guérison intérieure, et surtout d'acceptation de se laisser aimer comme un enfant par le Père. Car telle est la Bonne Nouvelle : que nous soyons ou non guéri physiquement ou psychiquement, le salut nous est offert comme l'invitation à un abandon à l'amour. Ce chemin est loin d'être simple ou évident, surtout lorsqu'une profonde souffrance nous accable. Pourtant, c'est un appel à se mettre en route maintenant, avec patience et humilité, même quand tout semble perdu...

Affirmer cela, c'est reconnaître que la Bonne Nouvelle ne consiste pas seulement en la libération du péché. Alors, de quoi s'agit-il ? La Bonne Nouvelle apportée par Jésus-Christ, pour laquelle Dieu lui-même s'est incarné, c'est que pour notre Père, chacun de nous est unique et irremplaçable, comme un enfant l'est pour ses parents, et cela est définitif. Nous ne sommes pas orphelins. Dieu sait si nous vivons aujourd'hui dans un monde rempli d'orphelins, que ce soit du père ou de la mère ; mais je ne parle pas seulement de filiation naturelle. Orphelins d'amitié, d'amour, de tendresse. Non, nous ne sommes pas abandonnés, nous ne sommes pas simplement nés du hasard de la rencontre entre deux cellules. Nous sommes des enfants bien-aimés, désirés par Dieu.

Il est dit : « Tu es mon enfant bien-aimé, en toi j'ai mis tout mon amour » (Matthieu 3, 17). Du point de vue de la tradition chrétienne la plus ancienne et la plus profonde – et à mon avis la plus authentique –, la guérison la plus importante, qui est en fait aussi le salut, se manifeste dans l'accueil de cette parole en tant qu'elle nous est dite personnellement, avec tendresse. Il faut entendre que cette parole nous est adressée, tel que nous sommes aujourd'hui. Et oser y croire, même au cœur de la souffrance, d'une maladie irréversible, y croire dans la nuit de l'angoisse, dans la solitude de l'isolement ou dans le sentiment d'abandon. Arriver à se reconnaître fils, fille bien-aimé(e) dans la pénombre d'une foi fragile et blessée, menacée par la maladie, c'est cela, la guérison chrétienne. C'est le salut qu'apporte le Christ, et nous savons que nombreux sont ceux qui voient une punition en leur maladie. Ils se sentent victimes ou coupables...

Consentir à se laisser aimer

Se laisser aimer comme un fils, une fille bien-aimée... Le plus difficile dans la vie, ce n'est pas d'aimer. Il nous arrive tous, à un moment ou à un autre, de poser un acte d'amour, plus ou moins gratuit. Je dis « plus ou moins » car nous savons que presque tous nos actes d'amour nous procurent des richesses, ne serait-ce que le plaisir de se sentir aimant. Oui, je crois que nous posons des gestes d'amour parfois gratuits. Le plus difficile reste cependant de se laisser aimer. C'est la conséquence de toute une éducation, des épreuves traversées, des messages dévalorisants reçus de nos parents ou de nos éducateurs... Nous en retenons souvent : « Tu seras aimable dans la mesure où... à partir du moment où... quand tu seras comme ceci ou cela. » Un sentiment de devoir mériter l'amour, de n'être jamais à la hauteur des attentes des autres.

Il est très difficile de se laisser aimer par son conjoint, ses parents, ses amis, de simplement se laisser aimer, de s'abandonner à l'amour sans chercher à tout prix à le mériter. Il ne s'agit donc plus de chercher à être aimé, mais d'accueillir ce qui est donné. C'est un acte de démaîtrise, de consentement, parce qu'alors l'amour n'est pas une récompense, c'est une grâce, un pur don. Nous n'en sommes ni maîtres ni propriétaires. Se laisser aimer dans une joyeuse reconnaissance, c'est la fin de la toute-puissance. C'est se recevoir de son Dieu dans la louange, c'est se recevoir de l'autre dans le regard positif qu'il peut poser sur nous. C'est une aspiration si profonde. Et le doute est encore plus grand lorsqu'on est âgé ou porteur d'un handicap, et qu'on se sent inutile, à la charge des autres, pur « objet de soin ». Il existe peut-être un lien entre ce sentiment et certaines demandes d'euthanasie.

Ceci explique aussi que personne ne peut « faire le bonheur de l'autre ». En effet, nous sommes responsable de l'amour que nous offrons, de chercher ce qui peut le mieux aider l'être aimé à se réaliser en profondeur ; cependant, la façon dont il accueillera notre amour ne dépend pas de nous. Là aussi il y a une grande vulnérabilité, parfois une grande souffrance, face au refus ou à l'incapacité de l'autre à se laisser aimer... Or, notre Dieu vit la même vulnérabilité vis-à-vis de nous.

Je sais qu'il est d'autant plus difficile de s'abandonner que l'on n'a jamais été vraiment aimé. Que certaines blessures en soi font que s'abandonner signifierait s'exposer à être blessé de nouveau. On a peur de raviver des blessures reçues dans le passé au moment où l'on a fait confiance. Rien n'est plus difficile que de restaurer une confiance trahie. Pourtant, même ceux qui en sont là, avec cette plaie qui les empêche de refaire confiance, savent que le jour où ils pourront de nouveau se laisser aimer, ils seront guéris et sauvés. Il n'est possible d'aller aussi loin dans ce lâcher prise, dans cette démaîtrise, qu'à la condition de laisser l'Esprit agir en nous pour nous restaurer de l'intérieur, et pour modeler dans notre cœur notre visage de fils, de fille, à l'image du Fils.

Consentir à l'amour n'est également possible que si nous ne cherchons pas à prendre la place de Dieu dans notre vie, à tout contrôler, à tout savoir. Lui nous laisse être homme ou femme dans la liberté. Il ne nous guérira jamais sans nous, ni contre nous, mais toujours avec nous, si seulement nous le laissons nous prendre la main. Il se propose, et il est touché par notre souffrance. On lit dans l'épître aux Hébreux: « Le Christ ressuscité compatit à nos faiblesses » (4, 15). C'est bien aujourd'hui, au présent, que le Christ ressuscité est sensible à notre faiblesse, qu'il est vulnérable et compatit à nos fragilités.

Comment voir la main de Dieu ? Ici, nous sommes face au mystère de la foi. Quand on emploie le mot mystère, certains pensent qu'il est « un peu facile de l'évoquer quand on n'a pas d'explication à donner ». Cependant, le mystère n'est pas un problème insoluble, c'est une réalité qui nous englobe, et au cœur de laquelle nous nous trouvons, par laquelle nous sommes portés, entourés, touchés, sans posséder l'ultime réponse, claire et facile à comprendre. C'est le cas de la vie, de l'amour, de la mort, de la création artistique, etc. Il n'en est pas de même du problème, que nous pouvons poser devant nous, et résoudre. Quant au mystère, nous sommes immergés dedans, il se scrute, et parfois, se contemple.

Or, lorsque nous sommes fragiles, nous ne pouvons vraiment voir avec les yeux du cœur, pour reconnaître la main de Dieu, que lorsqu'une communauté nous entoure ou nous accompagne, parfois à travers une personne en particulier. La responsabilité des communautés chrétiennes est de rendre visible aux yeux du cœur cette tendresse de Dieu, grâce à des personnes qui en vivent. C'est ainsi que se poursuit l'incarnation, à travers des hommes et des femmes qui acceptent d'aimer jusqu'au bout, qui vivent de l'Esprit et posent des gestes d'espérance. Il s'agit parfois simplement de petits gestes humbles, de petits gestes de tendresse. Cela peut être un sourire, une fleur de printemps, ou bien le fait de tenir en silence la main d'un malade dont on ne sait s'il est dans le coma. Tous ces petits signes sont aussi une expression de la fraternité chrétienne, ou tout simplement humaine, et introduisent dans la tendresse paternelle, maternelle de Dieu. La réponse de Dieu et du chrétien au mal est la compassion d'une communauté, compassion qu'elle reçoit elle-même de Dieu. C'est aussi l'engagement pour la justice afin de lutter contre les causes de souffrance et d'exclusion. Devenir une icône de la tendresse du Père à travers des gestes de compassion et de défense de la dignité de l'homme, afin d'aider, de permettre à tout homme, à toute femme de devenir ce qu'il est, ce qu'elle est : enfant bien-aimé du Père, même au cœur de la fragilité et de l'épreuve.

Lorsque l'on a commencé à prendre la mesure de cet amour de Dieu pour chaque être humain, alors on peut tenter de comprendre ce qu'est le péché et découvrir l'ampleur de la libération apportée par le Christ.

Confrontés à de grandes souffrances, certains se demandent si la grâce n'est pas distribuée arbitrairement, si certains n'en recevraient pas plus que d'autres. Il est vrai que l'on ressent parfois un sentiment d'injustice face aux différences entre les vies humaines. Pourtant, puisque la grâce est l'expression d'un amour qui maintient en vie, qui donne la vie, elle est toujours offerte. La question est surtout : pouvons-nous l'accueillir ? Comme pour le soleil, on choisit de s'y exposer ou non. La grâce est toujours donnée parce que « le feu ne dit jamais « assez » », et l'amour de Dieu pour nous est un feu. Mais nous sommes tellement remplis de nous-mêmes, nous voulons tellement nous en sortir avec nos propres forces, ou encore nous lui faisons si peu confiance, que nous n'arrivons pas à l'accueillir. Ou alors, obsédés par une grâce particulière, que nous voulons absolument obtenir dans les termes où nous le décidons, nous ne voyons pas les autres grâces qui nous sont données. Et nous disons : « Dieu n'est pas là... il n'écoute pas, il n'agit pas... » Peut-être n'avons-nous pas vu un autre don, offert sans que nous le demandions...

Il n'y a pas d'arbitraire dans la grâce. Il est dit dans l'Écriture que Dieu ne fait pas d'exception (Galates 2, 6). Cela dépend donc de nous, personnellement. Bien sûr, certains jours nous correspondons mieux à la grâce parce que nous sommes dans une attitude d'ouverture et de réceptivité. Alors nous accueillions la lumière et la force qui nous sont données. Nous découvrons tout à coup que

Dieu est à l'œuvre dans nos vies. Nous constatons à d'autres moments que nous sommes repliés sur nous-mêmes, sur nos inquiétudes, nos problèmes, nos doutes, et nous tournons en rond. Il ne faut pas s'en culpabiliser, car nous sommes tous un mélange de lumière et d'obscurité. La question est d'en prendre conscience et de faire ce qui dépend de nous.

Cependant, ceci ne répond pas au mystère parfois troublant des différences entre les humains, dès leur conception et leur naissance. Nous sommes alors tentés d'accuser Dieu d'injustice. Notre foi nous invite toutefois à croire que le Seigneur est aussi à l'œuvre dans la vie de ceux qui nous paraissent avoir le moins de chance, parce qu'il veut que tous les humains soient sauvés (1 Timothée 2, 4)... L'amour qui nous habite nous pousse à poser des actes de solidarité, pour que « les plus forts portent les fardeaux des plus faibles » (Romains 15, 1), tout en sachant que chacun est invité à donner et à recevoir, quelle que soit sa situation.

Dieu ne nous envoie pas des croix, son Fils les porte avec nous

Quel sens donner alors à l'expression : « Prendre sa croix » (Matthieu 16,24) ? Certains pensent que la croix les éloigne de Dieu. Comme nous ne savons jamais d'avance comment quelqu'un va vivre la souffrance, il ne faut pas prendre à la lettre le discours selon lequel Dieu « enverrait des croix ». Le Christ n'est pas venu pour cela, mais pour « porter sa croix » et mourir crucifié afin de nous donner la force de porter la nôtre. Ce n'est pas pareil. Méfions-nous d'une pseudo-pédagogie de la souffrance. Quand le Christ dit : « Venez à moi vous qui ployez sous le fardeau, [...] je vous soulagerai » (Matthieu 11, 28), ce n'est pas un encouragement à demander des croix ! Que veut dire Jésus ici ? Tout d'abord, il est toujours question de le suivre. Les Évangiles ont été écrits après la résurrection par une communauté chrétienne qui a vu Jésus porter sa croix puis mourir cloué dessus. Elle a compris que son but n'était pas de souffrir mais d'aimer. Ensuite, nous sommes invités à porter avec courage ce qui est dur, lourd, pénible, parfois blessant dans notre vie humaine. Jésus ne dit pas : « À celui qui veut être mon disciple, je vais *envoyer* des croix, on verra alors s'il tiendra le coup et s'il sera digne de moi. » Non, son message est : « Prenez ce qui fait votre fardeau aujourd'hui, et portez-le *avec moi*. Puisque vous vous êtes mis à ma suite, maintenant nous sommes ensemble sur le chemin de la vie. » Le terme *suivre*, dans l'Évangile, a beaucoup de poids. Quand on lit que l'aveugle Bartimée a suivi Jésus en le louant après avoir été guéri, cela signifie qu'il s'est mis à sa suite, comme un disciple. Il devint ainsi une référence pour les autres disciples (Marc 10, 46). C'est une invitation à mettre nos pas dans ceux du Christ.

Cependant, comme le disciple n'est pas au-dessus de son maître, celui qui décide de se mettre à son service aura à porter le poids lié à la mission qu'il a accepté d'assumer. Certains jours, cela impliquera une croix spécifique, liée à telle charge selon les responsabilités qui nous sont échues dans la société et dans l'Église. Il existe sans doute une croix particulière à porter quand nous accompagnons des personnes fragiles, d'où l'importance de vérifier si c'est bien notre vocation, et la nécessité de puiser la force dans la prière.

Il faut bien reconnaître que la croix reste pour nous un point d'interrogation radical et un scandale difficile à dépasser. Scandale pris dans le sens de « pierre d'achoppement » ; « ce qui fait tomber ». Nous sommes parfois confrontés à des états de souffrance et de déshumanisation tels que nous sommes habités par des interrogations radicales, voire par des doutes. En effet, nous sommes alors devant un mystère de souffrance qui semble incompatible avec la compassion de Dieu. Or, comme nous l'avons déjà dit, il ne faut jamais réduire la personne en souffrance à l'état où elle est alors ; elle est toujours infiniment plus que ce que nous en voyons.

Il est normal qu'à certains moments nous nous sentions profondément fragiles dans notre foi. Nous rêvons aussi parfois de la toute-puissance que nous projetons sur Dieu, nous rêvons de pouvoir dire : « Lève-toi et marche. » Il est normal qu'alors, nous criions : « Fais ton boulot, Seigneur, où es-tu ? » Ce cri-là retentit dans toute la Bible ! Nous n'avons pas à nous culpabiliser quand notre Dieu nous semble absent, indifférent, inactif. Cela nous renvoie à la pauvreté de notre propre foi. Et aussi à cette conviction que le visible n'est pas le tout de la réalité. Au-delà de ce que nous pouvons voir, nous croyons que tout ne se termine pas ici-bas. En outre, Dieu « fait son métier » comme il le veut ou le peut... car sa puissance s'arrête au seuil de notre liberté. Et il nous demande de prendre notre part de responsabilité !

J'ai personnellement vécu ce cri adressé au Seigneur : « Comment peux-tu permettre une chose pareille ? Pourquoi eux et pas moi ? » La seule réponse que j'ai pu entendre du fond de ma prière, dans des moments de silence et de désarroi, était : « Toi qui me reproches cela, sais-tu ce que j'ai effectivement essayé de faire pour eux ? » Qu'est-ce que nous en connaissons, nous, de l'action de Dieu dans l'histoire singulière de telle personne ? De notre point de vue, rien ne se passe, il ne fait pas son travail. Mais est-ce si sûr ? Utiliser des anthropomorphismes pour parler de Dieu peut quand même parfois être utile. La Bible en est pleine. Mais à force de dire qu'il est paternel, maternel, voire « grand-paternel » (!), on risque de le mettre au défi de correspondre aux images que nous lui avons forgées. Pourtant, nous savons qu'il y a un moment où Dieu nous échappe. Il reste le Tout Autre. Cela nous scandalise, nous insécurise, il nous surprend. C'est l'épreuve que nous traversons tous quand nous sommes confrontés à un mal pour lequel nous n'avons pas d'explication. Il ne faut alors essayer ni de justifier ni de culpabiliser Dieu à propos du mal dans le monde, mais bien accepter que nous ne puissions pas comprendre pour le moment.

L'usage des charismes

Dans notre désir de mieux accompagner les personnes fragiles, que penser de l'actualité des charismes ? Dans la tradition charismatique[1], on reconnaît que les charismes décrits par saint Paul

1. Pour une introduction au Renouveau charismatique, je renvoie à mon livre *Guérir à tout prix ?*, *op. cit.*

dans la première lettre aux Corinthiens (1 Co 12), dans celles aux Romains (Rm 12) ou aux Éphésiens (Ep 4) sont encore actuels. Nous sommes encouragés à les demander, toujours en vue des autres ou pour l'édification d'une communauté, son service, et aussi pour notre croissance spirituelle. Dans son sens étymologique, « charisme » signifie « don gratuit de Dieu sur lequel il ne faut surtout pas mettre la main ». Pour saint Paul, le charisme le plus important est celui de l'amour, de la charité. « Parmi tous les dons de l'Esprit, cherchez d'abord celui de l'amour, écrit-il. Je peux posséder tous les charismes, tous les dons, je peux me jeter dans le feu pour aider les gens, si je n'ai pas l'amour, je ne suis qu'une cymbale qui retentit » (1 Corinthiens 13).

Certaines personnes, pour un service précis rendu à l'Église, reçoivent une grâce spéciale que l'on peut retrouver dans la liste des charismes. Ceux-ci sont aussi liés à des responsabilités ou à des services confiés, par exemple, dans le cadre d'un groupe de prière ou d'une communauté chrétienne. Il existe des charismes liés à une fonction, comme ceux de l'évêque, du prêtre, du diacre. Mais on peut aussi parler de ceux des catéchistes, des aumôniers d'hôpitaux ou des accompagnateurs de malades. Tous peuvent demander le charisme nécessaire à l'exercice de leur charge. Le Seigneur équipe son Église, qui est son corps, pour qu'elle puisse, avec sa force, remplir la mission qu'Il lui a confiée (1 Corinthiens 12). Tout baptisé voulant vivre dans l'Esprit et se donner dans un service d'Église, reçoit les charismes nécessaires, et parfois d'une façon très simple. Certains ont le charisme du sourire, d'autres d'une patience sans limites, d'autres de l'écoute... Il n'est pas nécessaire que ce soit un charisme visible ou exceptionnel. À chacun de partir à la découverte du sien.

On parle beaucoup aujourd'hui de la guérison de la mémoire, que nous avons déjà évoquée. Quand nous touchons à des questions aussi complexes, il est bon de nous informer sur ce qui peut se passer au niveau du psychisme, et sur ce qui peut être mis en mouvement lorsque nous demandons à quelqu'un d'entrer dans les profondeurs de son être. Il existe des différences entre une psychanalyse et une guérison de la mémoire. Il en est de même par rapport à un travail explicitement thérapeutique.

Ce que nous pouvons tenter avec une personne qui a été profondément blessée par la vie, c'est de l'aider à parcourir son histoire dans la prière, en puisant la grâce dans le cœur de Dieu. Il s'agit pour elle de trouver la force de se souvenir, d'accueillir, peut-être de pardonner, et ainsi de dépasser, jusqu'à un certain point, certaines blessures, dans la lumière de l'Esprit-Saint et grâce à l'accompagnement délicat de frères et de sœurs. Il restera toujours des traces de ce que cette anamnèse a révélé, mais les souffrances ne seront plus un obstacle insurmontable pour sa capacité d'aimer, de faire confiance et de se laisser aimer. L'expérience vécue dans certains groupes de prière, quand les choses sont menées sérieusement, consiste en l'émergence de souvenirs, des pardons qui sont donnés... Des libérations et des délivrances peuvent également se vivre à ces moments-là. Certaines personnes retrouvent leur liberté dans l'Esprit : si nous croyons que l'Esprit est à l'œuvre aujourd'hui et peut passer par la prière d'une communauté, nous avons le droit, et parfois le devoir, de leur proposer de parcourir ce chemin spirituel.

Plusieurs parcours sont possibles : pour une guérison de la mémoire, ils peuvent se mener dans un contexte charismatique, par exemple. Mais il existe aussi d'autres traditions, comme la spiritualité ignatienne, qui repose sur un travail de relecture. Par ces démarches de mémoire, en étant attentif à ce qui bouge en soi (le mouvement des esprits), on peut faire l'expérience d'une guérison intérieure, ou d'une guérison de la mémoire. Elle peut avoir des répercussions psychiques et même physiques, à discerner avec un accompagnateur par la suite. On a (re)découvert ce domaine il y a quelques années, grâce aux apports des grandes traditions spirituelles et à ceux de la recherche thérapeutique. C'est pour cela que psychologie et spiritualité doivent continuer à dialoguer aujourd'hui.

La psychanalyse attire l'attention sur le fait que ce dont on se souvient est toujours un souvenir reconstruit au présent, en fonction de son propre (dés)équilibre psychique. Certains souvenirs sont idéalisés, d'autres renvoient à des fantasmes du passé qui ne correspondent à aucune expérience réelle, particulièrement à propos de la sexualité. C'est pourquoi, avant de proposer des démarches de pardon, des lettres à écrire (!), il importe de vérifier la pertinence du souvenir, par exemple en s'informant auprès de personnes contemporaines de cet événement. En outre, lorsque nous sommes confrontés à des pathologies psychiques graves, il est souhaitable d'avoir un diagnostic préalable avant de s'aventurer dans des démarches qui peuvent faire plus de mal que de bien.

La vie dans l'Esprit ne consiste pas d'abord à s'exprimer dans un langage étonnant, ni à se laisser tomber dans un « repos dans l'Esprit », ni éventuellement à être capable, comme le Père Emiliano Tardif, de percevoir et de proclamer que des gens guérissent. Ces manifestations existent et ont leur valeur. Néanmoins, la vie dans l'Esprit consiste essentiellement à se laisser guider par Dieu pour être véritablement au service des autres dans l'amour, sur un chemin de conversion. Je crois qu'il faut garder les manifestations extraordinaires à leur vraie place. Il ne faut ni les caricaturer, ni les sacraliser, ni juger trop vite de l'extérieur à propos de ce que l'on a ni expérimenté ni compris. Lorsque l'on se situe en spectateur, on critique volontiers. Si cela correspond à une vérité pour d'autres personnes, à leur façon d'exprimer leur relation à Dieu et à leur prière, en lien avec un discernement ecclésial, il faut les respecter. Il existe beaucoup de demeures dans la maison du Père.

Pour certains, la prière se vit essentiellement dans une attitude d'immobilité. Personnellement, j'anime des groupes d'initiation à la prière où j'enseigne à rester totalement immobile sur un tabouret, en étant attentif à la position du corps, à l'amplitude de la respiration et aux mouvements de l'affectivité. C'est une bonne introduction au silence et à l'accueil de la Parole de Dieu dans le fond du cœur. Certains préfèrent l'immobilité, d'autres le mouvement... L'Esprit fait toute chose nouvelle. Il est important d'être respectueux de la liberté de l'Esprit chez l'autre – telle personne, tel groupe spirituel, telle religion. Certains catholiques sont allergiques au mot « énergie », par exemple. Il est bon de demander aux autres croyants d'expliquer le sens qu'ils donnent à ce qu'ils vivent, plutôt que d'interpréter leur expérience à leur place, de l'extérieur, en fonction de notre propre définition de la « bonne » prière. Dans le domaine de la vie spirituelle, nous touchons au mystère de Dieu et de la personne. Notre Dieu est le Dieu des surprises. Ne l'enfermons pas dans nos représentations.

Poursuivons maintenant notre réflexion sur le charisme en approfondissant le sens de la guérison chrétienne.

X

Le sens de la guérison

L'Église a toujours eu le souci des malades et des plus fragiles. Depuis les origines, l'exercice des charismes est associé au souci et au soin des plus nécessiteux. Ils sont revenus à l'honneur depuis le concile Vatican II. Il est important de les exercer avec discernement, compétence, et avec une grande liberté intérieure. En effet, dès que l'on parle de guérison, on touche à l'un des domaines les plus sensibles pour toute personne humaine. De même, dans les paroisses et les institutions hospitalières, visiteurs de malades et aumôniers se consacrent à ce service de la miséricorde de Dieu qui demande une grande disponibilité, une foi profonde et un soutien communautaire.

Pour comprendre le rôle des communautés chrétiennes à propos de la guérison et de la réconciliation, il est important de ne pas faire de la guérison la seule raison de la venue du Christ. Si l'on considérait uniquement ses pratiques thérapeutiques, on pourrait en déduire que c'était là son principal objectif, avec son enseignement. Comme nous l'avons vu, il affirmait d'ailleurs lui-même qu'il n'était pas venu pour les bien portants mais pour les malades. Il précisait toutefois qu'il était venu « sauver ce qui était perdu », indiquant ainsi que le salut qu'il annonçait et apportait en même temps ne se limitait pas aux guérisons physiques. Or, Jésus n'aurait pas été suivi s'il n'avait pas guéri, dans le contexte culturel et religieux populaire où il évoluait. Il fut frappé d'emblée par la misère morale et spirituelle des foules « sans berger » qu'il rencontrait partout où il passait. C'est pourquoi, s'il est vrai que faire de lui un guérisseur parmi d'autres réduirait grandement sa mission, ce serait également déformer sa figure que d'occulter son expérience de la misère de son peuple, et ses pratiques de guérison. Celles-ci étaient des effets de sa présence et non le motif de sa venue[1].

Si les chrétiens ont senti un appel impérieux à s'occuper des malades, c'est parce qu'il s'agit d'un devoir humain, présent dans toutes les cultures du monde. Mais Jésus lui donne un sens plus profond : le chrétien agit en serviteur du Seigneur et en témoin du Royaume. Il manifeste, par son service aux malades, que la guérison est un don de Dieu, et il exprime son espoir d'une révélation de la présence divine dans la vie comme dans la mort. Il manifeste alors la tendresse active de Dieu. Ainsi, le chrétien n'est pas envoyé dans le monde d'abord pour guérir. Pas plus que Jésus. Il est appelé à soigner, à accompagner, à réconcilier, mais la guérison, la vie, viennent de Dieu. Le plus important pour lui est de témoigner de la puissance et de la tendresse de Dieu, au-delà de l'« échec » de la mort.

Les médecins mettent leur compétence au service de la vie et de la guérison, mais ils savent que celles-ci ne dépendent pas d'eux. La guérison, c'est le travail de la vie. Alors, que dire du pouvoir de guérison remis par Jésus aux disciples ? Ce n'est ni le pouvoir du créateur, ni celui de Jésus pouvant dire : « Je le veux, sois guéri », mais qui affirme que tout vient de son Père. Le disciple sait qu'il reçoit le pouvoir d'un Autre. C'est ce qui est manifesté par l'aspect miraculeux de certaines guérisons. Le disciple ne peut dire : « Je le veux », il ne peut que prier pour que le Père le veuille. C'est pourquoi le don de guérison est essentiellement un don de prière, d'intercession, de compassion confié à une communauté et lié à la foi et à l'amour.

1. Jacques Guillet, « Il les envoya avec le pouvoir de guérir », *in Christus*, 159, 1993, p. 291-298.

Pour Jacques Guillet, le signe selon lequel le pouvoir de guérir vient réellement de Dieu se manifeste lorsque celui qui intercède ne se regarde pas agir, contrairement au médecin, attentif à tout. Il connaît ses limites. Dans le don de guérir, c'est la foi qui apporte la certitude, pas la compétence. Il n'existe pas de garantie que la parole sera efficace. C'est pourquoi il ne faut pas chercher à observer ou à contrôler le processus de guérison. Celle-ci est donnée, et parfois constatée longtemps après ses effets. Le don de guérison n'exclut pas le rôle de la médecine, mais il affirme que la guérison – miraculeuse ou non – est toujours un signe de la vie et de la puissance créatrice de Dieu : elle offre une parenté avec l'action du Christ.

Discernement et guérison

À propos de la guérison de l'aveugle Bartimée déjà évoquée, on lit que ce dernier suit le Christ en le louant. La Bonne Nouvelle pour Bartimée n'est pas uniquement le fait d'avoir recouvré la vue, mais maintenant *il est avec le Christ*. Ce que Jésus propose, c'est d'être avec lui pour aller vers le Père. Dans ce sens-là, Jésus peut dire : « Ta foi t'a sauvé », et pas seulement : « Tu es guéri. » Il nous dit parfois, et nous devons l'entendre : « Vous ne savez pas ce que vous demandez » (Matthieu 20, 22). Et nous pourrions à notre tour dire aux gens : « Vous rendez-vous compte de ce que vous pourriez demander ? », car souvent ils ne le savent pas. Si Jésus n'exauce pas directement Marthe et Marie à propos de Lazare, c'est parce qu'il veut leur montrer qu'il a infiniment plus à lui apporter que quelques années de vie supplémentaires. Il est le maître de la vie et de la mort, et nous sommes appelés à la vie éternelle. Nous savons que ce n'est pas une vraie résurrection pour Lazare : Jésus ne l'a pas ressuscité, il l'a ranimé, mais il le ressuscitera au dernier jour (Jean 11, 25).

Jésus vient nous libérer de ce qui nous empêche de vivre. Cela peut signifier le consentement à notre handicap, et non la guérison de celui-ci. Nous l'avons vu, quand il y a eu une guérison, même physique, cela n'entraîne pas nécessairement la fin de la fragilité ou de la souffrance. Jésus vient nous libérer de ce qui nous empêche d'aimer, mais nous savons que lorsque nous aimons, nous sommes encore fragiles ; c'est la fragilité de l'amour.

Jésus vient aussi nous aider à remettre notre vie en ordre. Retrouver une harmonie, un équilibre, une paix. Il nous apporte une nouvelle liberté. Dans certains cas, il s'agira peut-être de retrouver une autonomie, ou la vraie hiérarchie des valeurs. Pour Ignace de Loyola, le but des Exercices spirituels est de remettre notre vie en ordre, c'est-à-dire d'y replacer Dieu au centre, de Le voir en toutes choses, et de goûter celles-ci de l'intérieur. Quand nous sommes souffrants, soumis à la douleur, tout est centré sur notre corps diminué, sur cette pathologie qui menace notre identité. C'est normal, surtout quand la souffrance finit par envahir toute notre conscience. Nous avons alors besoin d'être aidés pour prendre la bonne distance par rapport à ce corps envahissant, dans la mesure où c'est encore physiquement ou psychiquement possible. Il nous faut retrouver une nouvelle liberté par rapport à nos fragilités, qui n'ont pas forcément disparu dans leur totalité. Malheureusement, nous faisons aussi l'expérience de l'impuissance de la médecine à soulager certaines de nos souffrances.

Concernant les prières de guérison, je suis toujours attentif au vocabulaire. Je préfère parler de prière en vue de la guérison. Quand nous disons à une personne que nous allons prononcer une prière de guérison, si, ensuite, elle n'est pas guérie, elle pensera soit : « Cela n'a pas marché », soit : « Dieu ne veut pas me guérir. » Je préfère donc parler d'un charisme de compassion, d'intercession, d'une prière d'intercession, que d'une prière de guérison ou d'un charisme de guérison. Car qui guérit ? Est-ce la personne qui a le charisme ? Ou la guérison elle-même serait-elle un charisme ? Nous avons vu que « charisme » signifie « don gratuit ». Le danger est alors de se sentir propriétaire d'un charisme, alors qu'il est toujours un don inattendu que l'on peut demander ou recevoir pour un temps, mais jamais un bien que l'on peut posséder. Quand nous vivons de la grâce charismatique, nous faisons l'expérience de la puissance de l'Esprit, une puissance dont nous ne sommes jamais propriétaires. Cette puissance ne doit pas obligatoirement passer par nous : laissons Dieu être Dieu, et l'Esprit être l'Esprit.

Un jour, quelqu'un m'a demandé s'il existait des groupes de guérison dans l'Église catholique. J'ai répondu : « Non, il n'y en a pas. » Il y a des groupes de prière et des communautés au sein desquels, parfois, une guérison peut être demandée et donnée, mais pas de groupes se définissant par la guérison. De même, un pèlerinage à Lourdes n'est pas principalement fait en vue de la guérison, il s'agit d'un pèlerinage de grâce, d'ouverture à l'intercession de la Vierge Marie, un pèlerinage de confiance. Des guérisons sont alors données, mais il faut savoir que le terme « guérison » recouvre nombre de réalités différentes[2]. Il est donc nécessaire de veiller aux attentes que notre langage induit. Si nous ne voulons pas aggraver des situations de fragilité, il faut que notre discours à propos de la guérison soit très clair, surtout envers les personnes qui travaillent en milieu psychiatrique. Nous connaissons les phénomènes de décompensation que peut provoquer une attente non rencontrée.

Comment « gère-t-on » la question de la guérison ? Il faut « gérer » la guérison, mais aussi la non-guérison. D'abord, en amont, dans la parole prononcée sur la guérison, dans la façon de présenter la prière de guérison et la foi qui devrait l'accompagner. Dieu est à l'œuvre aujourd'hui, Il continue à agir et des guérisons sont données. Mais la guérison ne peut être provoquée par nous-mêmes, par notre propre activité. Il est important de tenir à la fois deux préceptes : puisque Dieu a le droit d'être Dieu, il a le droit de guérir, y compris physiquement, à travers une personne, un groupe de prière, un groupe d'intercession, ou encore à travers l'amour. Mais, en même temps, la non-guérison ne signifie jamais le rejet par Dieu. Il nous faut donc être très rigoureux lorsque nous parlons de groupes de guérison, de capacité de guérison... Le Seigneur donnera peut-être tout autre

2. *Cf. Guérir, colloque de Lourdes, 25-26 novembre 2004*, Lourdes, Éditions NDL, 2005.

chose que ce qui a été demandé, quelque chose qui pourra se révéler, à la relecture, infiniment plus important.

Dans le cas où il y a eu guérison, la question se pose de l'usage que la personne fait de sa guérison. Nous pouvons être sauvés sans être guéris, nous pouvons être guéris sans être sauvés, c'est-à-dire sans avoir reconnu la source de notre guérison. C'est le cas de neuf lépreux sur les dix que Jésus a purifiés (Luc 17, 12-19). En effet, seule une reconnaissance dans la foi peut faire de la guérison une étape du salut. La personne guérie se situe alors dans l'humilité et la louange. Sinon, elle risque de faire de sa guérison un titre de gloire, de témoignage sur elle-même. Parfois, tout au long d'un témoignage donné dans des groupes de prière, on s'interroge : quand cette personne va-t-elle enfin parler du Seigneur ? Elle raconte sa vie de turpitude, tout est noir avant et tout est blanc après, mais il n'est pas question de la miséricorde de Dieu. Alors que nous savons qu'il s'agit souvent d'un lent processus, que tout n'était pas si noir dans le passé, et que tout n'est peut-être pas si blanc depuis la guérison. On reste fragile, on reste en chemin. Les chemins de Damas ne sont pas aussi fréquents et radicaux qu'on le présente parfois dans certains récits de conversion.

Il faut donc être très juste à ce propos, tout en n'hésitant pas à témoigner lorsque l'on a vécu une guérison confirmée, cela ouvre parfois un chemin de libération et d'espérance à d'autres, qui peuvent se dire : « Si cela a été possible pour cette personne, pourquoi ne le demanderais-je pas ? » Il faut là aussi garder une liberté intérieure.

Des communautés de miséricorde

Quand les gens viennent à moi pour se confesser – dans le cadre du sacrement de la réconciliation –, je leur dis que le mot « confesser » a deux sens : confesser ses péchés et confesser les merveilles de Dieu. C'est pourquoi certains grands saints sont appelés « confesseurs de la foi ». Une fois terminée la confession de leurs péchés, je leur demande : « Qu'auriez-vous à confesser comme merveilles de l'action de Dieu pour vous et à travers vous ? » Souvent, un silence étonné suit, puis, après réflexion, ils reviennent sur des moments positifs, des actes de générosité ou de foi, d'espérance... et la louange se libère. Mieux que des pécheurs pardonnés, nous sommes les bien-aimés de Dieu.

Nous sommes donc invités à croire que nous pouvons être aimés, simplement parce chacun de nous est une créature aimée de Dieu, qui a mis tant de merveilles en nous. Ce n'est certes pas évident, alors que nous ne nous sentons plus dignes de rien, ni capables de donner quoi que ce soit, de croire que nous restons une merveille et un cadeau pour Dieu et pour les autres. Accepter que le Seigneur nous le redise aujourd'hui n'est sans doute pas possible sans quelqu'un près de nous qui témoigne de la tendresse de Dieu pour nous.

C'est là que l'Église est sollicitée en tant que signe de sa miséricorde : afin d'offrir ce visage de tendresse du Père. Alors, quand la douleur est insupportable, il reste quelqu'un dont la présence fidèle signifie que Dieu ne nous a pas oubliés, qu'Il ne nous a pas abandonnés. À des personnes que je visite et qui me parlent de leur isolement en s'écriant : « Dieu m'a complètement abandonné... », Il m'arrive parfois de dire : « Et moi, qu'est-ce que je fais ici ? Ce n'est peut-être pas par hasard si vous pouvez me parler, ne serait-ce pas un signe que Dieu se soucie de vous ? » Quand on n'est que souffrance, déchirure, cri, c'est tellement difficile à reconnaître. Nous sentons alors notre impuissance, parce que nous n'avons pas d'explication à donner à propos de la souffrance et du mal. Pourtant, mystérieusement, le Seigneur est présent.

En effet, nous ne pouvons pas prouver à cette personne qu'elle est vraiment aimée de Dieu, nous ne pouvons qu'être le signe de cet amour. Tel est l'appel qui nous est fait, un appel à la vulnérabilité, à être icône, et à l'être en communauté. C'est ainsi que nous sommes envoyés par le Christ, par son Église. Nous ne pouvons pas être l'icône du Christ en notre nom. D'autant plus que certains jours, nous ne tenons plus. S'il existe des sacrements, c'est bien pour que nous allions y chercher la force d'aimer jusqu'au bout. S'il y a la prière, c'est parce que nous avons besoin de puiser dans le cœur de Dieu et de lui offrir tous ces êtres qui habitent notre cœur. À travers cette compassion et cet amour, nous pouvons, humblement, avec nos balbutiements, demander la grâce d'être signe. En acceptant qu'il y ait des jours « avec », et des jours « sans »... enthousiasme. D'ailleurs, c'est le plus souvent quand notre bilan humain est le moins bon que le bilan spirituel est le meilleur. À ce moment-là, nous apportons moins d'obstacle à la lumière de Dieu, nous le laissons agir à travers notre faiblesse. Catherine de Sienne raconte que Dieu lui disait : « Fais-toi capacité et je me ferai torrent. » Se faire capacité, c'est renoncer à contrôler. On ne peut vraiment joindre les mains que lorsqu'elles sont vides. C'est aussi avec cette pauvreté que nous pouvons aller vers les gens.

Enfin, si le Christ n'a pas guéri tout le monde, si lui-même a été torturé et assassiné, que doivent dire les chrétiens de la souffrance, de l'échec de la guérison ? On a trop longtemps sacralisé la souffrance, et les sociétés modernes comme les plus traditionnelles cherchent aujourd'hui à guérir à tout prix... C'est normal quand on veut soulager quelqu'un qui souffre. Mais que dire aux séropositifs, aux malades du sida ? Quelle parole ose-t-on prononcer aujourd'hui sur la place de la croix et de la souffrance ? Si tous les guéris ne se savent pas sauvés, et si tous les sauvés n'ont pas été guéris, c'est cependant pour tous que le Christ est mort et ressuscité.

Il faut donc faire attention à ce que nous proposons... La langue anglaise est plus riche que le français à ce propos. Certes, il faut toujours prendre soin (*to care*) : c'est le travail des soignants comme des aumôniers et des visiteurs de malades ou des familles. En fin de vie, ce soin prendra le visage des soins palliatifs. On se donne heureusement aujourd'hui les moyens de traitements plus efficaces contre la douleur, entraînant le droit de refuser l'acharnement thérapeutique. Quant à guérir, ce mot a différents sens. Le Christ n'a pas toujours guéri physiquement *(to cure)* mais il a guéri *(to heal)* les cœurs, les esprits. Il a réconcilié les personnes avec Dieu. Un Dieu jamais indifférent, même s'Il semble silencieux. Il faut apprendre à discerner son action discrète. Nous l'avons vu, la première et la plus importante guérison spirituelle concerne souvent la relation à Dieu qu'on est tenté d'accuser d'être la cause d'un mal, ou de rester indifférent. Il s'agit alors de restaurer une relation filiale confiante. La guérison devient alors salut *(to save)*. Nous sommes sauvés en Christ sans avoir été guéris ; cette certitude peut aider à envisager plus paisiblement la mort, inéluctable.

Parfois, le Seigneur guérit de façon visible *(to cure)*, mais personne ne peut le savoir à l'avance ni l'annoncer comme une certitude, et il faut vérifier la permanence de la guérison. Un discernement personnel et communautaire est alors nécessaire ; il demande une formation spirituelle et une réelle compétence. Devant une demande de guérison, il peut être utile de distinguer, à propos du mal ou de la souffrance exprimés, s'il s'agit d'un problème physique ou psychiatrique, d'une manifestation diabolique ou d'une épreuve spirituelle salutaire. La réponse de la communauté sera différente selon les cas. Il ne faut pas jouer avec la fragilité des individus, susciter trop d'attentes. Ni relier abusivement les résultats d'une prière de demande à la foi de la personne. L'expression « Ta foi t'a sauvé » consiste davantage en une mise en retrait de Jésus par rapport au miracle qui vient de se produire, et en une confirmation de l'importance de la foi en Dieu dans une demande de guérison, qu'en l'affirmation selon laquelle les guérisons sont proportionnées au degré de foi du quémandeur. Si la personne ne guérit pas, que lui dirons-nous ? Il faut un discernement communautaire de celui qui exerce un charisme ou un ministère de guérison. En effet, il peut y avoir de la toute-puissance ou de la manipulation dans l'usage de charismes plus ou moins bien discernés. Par ailleurs, on peut aussi se poser la question de la nécessité d'un exorcisme et de la part à reconnaître à Satan dans certains cas. Le Renouveau charismatique a ainsi remis à l'honneur les prières de libération, de délivrance[3]. Enfin, il faut évoquer l'articulation entre la dynamique proprement charis-

3. Je ne puis approfondir ici ces questions que j'évoque dans *Guérir à tout prix ?*, *op. cit.*

matique et la grâce des sacrements tels que l'eucharistie, la réconciliation, l'onction des malades dont il est question plus loin.

Il est nécessaire que dans tous ces domaines, les Églises s'entraident par le discernement, la formation, la supervision, le partage d'expériences. Ces questions sont très complexes et demandent une approche interdisciplinaire et œcuménique.

La vigilance évoquée ici est encore plus importante lorsque l'on est en contact avec des personnes issues de milieux sociaux, de cultures ou de religions différents des nôtres. Il est utile d'essayer de les rejoindre dans leur vision de la santé et de la maladie, sous peine de ne pas prendre la mesure de leur souffrance réelle.

XI

Se rendre vulnérable à la fragilité de l'« autre »

L'expérience de la fragilité ou de la maladie nous pousse à rechercher des explications à notre malheur et à solliciter du secours auprès de tous ceux qui seraient susceptibles de nous aider. Nous puisons alors dans nos représentations des causes de la maladie, nous recherchons des moyens favorables et des personnes compétentes pour nous soulager. Or, tout cela est marqué par notre culture, éventuellement par notre religion et notre milieu d'origine. Comme chaque culture génère un ou plusieurs systèmes thérapeutiques ainsi que des théories sur les causes des maladies, il existe une grande diversité d'approches et de propositions. Il est bon d'en être conscient, que l'on soit soi-même atteint par une pathologie ou que l'on soit engagé dans une relation d'aide ou de soin.

En effet, une personne fragile ou malade est généralement habitée par une explication subjective de la cause de sa maladie, reposant sur les représentations de la santé de sa culture, de son milieu. Par exemple, on a constaté en Allemagne qu'un certain pourcentage de femmes atteintes d'un cancer du sein pensaient subir par cette maladie une punition consécutive à un comportement fautif. Dans certaines cultures d'Afrique Noire, quand une femme n'arrive pas accoucher, les matrones appellent le devin pour l'obliger à dire avec quels hommes elle aurait été infidèle : elles pensent ainsi conjurer le risque que l'enfant soit mort-né. Au Maghreb, on fera référence à l'influence des *djinns* (êtres de feu qui vivent dans un monde parallèle à celui de l'homme), parfois maléfiques, ou bien au « mauvais œil ». Cette explication subjective joue un rôle important dans la façon dont la personne vit sa pathologie. Sa souffrance sera d'autant plus grande qu'elle ne trouvera pas d'explication ou qu'elle se pensera coupable, ou encore envoûtée par un ennemi inconnu, à identifier absolument pour guérir.

Rejoindre l'angoisse de celui qui est différent

Dans ce contexte de fragilité et d'angoisse, en tant que soignants ou accompagnateurs, nous ne pouvons nous contenter de soulager physiquement. Nous devons aussi tenir compte de la question du sens. Pour comprendre l'angoisse et les questions qui habitent la personne fragile, il est essentiel de la rejoindre dans son univers mental et psychologique, dans sa représentation culturelle et religieuse (ou a-religieuse) de la maladie. Quand un patient se réfère à des représentations étranges ou inconnues de nous, le risque est grand que nous nous désintéressions du sens qu'il donne lui-même à ce qu'il vit. Nous pouvons considérer ses explications ou ses réactions comme incohérentes, irrationnelles et même ridicules. À moins que nous les ignorions parce que cela nous renvoie à une réalité qui nous dérange ou que nous ne pouvons pas maîtriser du fait qu'elle n'entre pas dans la cohérence de notre propre vision de la santé et de la maladie.

Il est donc nécessaire que nous nous efforcions d'opérer un déplacement vers celui, celle qui souffre, l'« autre ». Cette attitude repose sur la conviction selon laquelle toute culture, en tant que système de significations, comporte *a priori* une cohérence interne, certes jamais exhaustive. Son interprétation de la réalité a un sens, même si nous ne le comprenons pas. Pourtant, l'interprétation que l'on donne à une épreuve affecte beaucoup la façon de l'assumer. Au thérapeute ou à l'accueillant de partir à la découverte de cette cohérence, pour mieux percevoir les enjeux de la maladie ou de la pathologie. Si nous nions la pertinence du discours du patient, nous pouvons perdre toute crédibilité auprès de lui, et les aides que nous proposerons risqueront de ne pas être prises en compte ou de perdre une bonne partie de leur efficacité.

Il m'est arrivé d'accueillir des personnes qui se disaient envoûtées – elles m'étaient envoyées par la consultation psychologique des migrants. J'ai besoin de beaucoup de temps pour écouter leur version concernant la genèse et la cause de leurs troubles : je ne dois pas disqualifier leur explication. Il me faut ensuite travailler sur la question des pouvoirs et de la prise qu'ils donnent à l'envoûteur présumé quand ils se croient complètement dépendants de celui-ci. Il s'agit donc moins de travailler sur la négation de ces forces – en lesquelles ces envoûtés croient *mordicus* (persuasion souvent inutile) – que d'agir sur leur capacité à maîtriser leur peur et à résister à la force d'un autre en faisant appel à diverses ressources (médicales, psychologiques, morales, parfois religieuses).

Or, de nos jours, dans le meilleur des cas, une formation à l'écoute est donnée au soignant ou à l'accompagnateur, tandis que la dimension anthropologique, culturelle, est *quasi* absente. L'approche reste souvent individualiste et morcelée. Ce n'est pas le cas dans les médecines traditionnelles de l'Afrique, de l'Asie (médecine indienne ; ayurvédique, chinoise, tibétaine, etc.), qui ont été utilisées avec une certaine efficacité durant des millénaires. Dans la relation thérapeutique, au-delà des symptômes cliniques, sont pris en compte la personnalité du patient, son caractère, son environnement physique et psychologique, ses relations interpersonnelles, ses problèmes moraux, ses croyances... Cette conception se retrouve aussi dans le « nouveau paradigme » proposé par les thérapies alternatives [1].

---

1. *Cf.* Marilyn Ferguson, *Les enfants du Verseau, pour un nouveau paradigme*, Paris, Calmann-Lévy, 1981 (pour la traduction française). Le terme « paradigme » est utilisé ici dans le sens de modèle de référence.

Les promesses de la médecine ont entraîné des attentes parfois démesurées de la part des patients, surtout en Occident. Cette médecine a fait des progrès indiscutables en quelques décennies et elle est efficace dans de nombreux domaines, par exemple dans le traitement du cancer chez les enfants. Il faut aussi reconnaître que, grâce à elle, la durée de la vie s'est allongée, des épidémies ont été jugulées... La microchirurgie réalise actuellement des merveilles, la lutte contre la stérilité a considérablement progressé... Toutefois, si beaucoup de critiques actuelles à propos de la biomédecine frisent la caricature, on lui reproche à juste titre d'être encore trop impersonnelle, réductionniste, trop coûteuse du fait de l'usage des nouvelles technologies, encore réservées à un petit nombre de privilégiés. Par ailleurs, le manque de moyens et de personnel rend la médecine hospitalière de plus en plus lourde et dépersonnalisée.

Ces limites, reconnues par certains soignants eux-mêmes, entraînent parfois une véritable souffrance de leur part, notamment quand les attentes des patients sont démesurées, quand ils exigent de résultats immédiats. Ce n'est plus un droit au soin qui est revendiqué mais un droit à la santé. On n'exige plus des moyens mais des résultats. Les soignants font alors l'expérience des insuffisances de leurs pratiques médicales, de leurs connaissances. Mais on peut se demander si cette souffrance n'est pas aussi la conséquence de l'illusion de toute-puissance que la science médicale a entretenue chez ces derniers, comme chez les patients. Dans la logique de la mentalité moderne, la biomédecine a nourri la prétention de rendre compte de la totalité du réel par la seule rationalité, à l'instar des sciences positives. Elle a ainsi laissé croire en un progrès indéfini des découvertes scientifiques et technologiques et, par suite, de l'efficacité thérapeutique. Des illusions (des mythes...) d'immortalité sont encore entretenues de nos jours à propos de certaines recherches en génétique (entre autres à propos du clonage ou des manipulations génétiques).

Parce qu'il touche à la vie, et donc au sacré dans l'esprit de beaucoup, au moins confusément, le médecin a été tenté de jouer au grand prêtre, poussé parfois à cela par les patients eux-mêmes. On sait que tout ce qui touche à la vie concerne ce qui est le plus sacré pour la plupart des gens. Si quelqu'un est perçu comme le maître de la vie et de la mort, même seulement en partie, il reçoit un statut social quasi sacré dans de nombreuses sociétés. Il est frappant de constater qu'à une époque où les repères culturels et sociaux sont très menacés par les mutations de notre civilisation, les institutions qui gèrent la vie, sa protection et sa transmission – c'est-à-dire la médecine et les Églises – sont les plus mises en question, mais pas forcément pour les mêmes raisons.

Nous l'avons vu, accueillir la fragilité, c'est oser la vulnérabilité. Il a été question de déplacement dans l'attitude du soignant ou de la personne en relation d'aide. Se déplacer signifie quitter un lieu connu pour se diriger vers un « ailleurs ». C'est donc prendre le risque de perdre certains de ses repères, d'être confronté à la nouveauté. Face à la souffrance et à la fragilité de l'autre, nous sommes sans cesse renvoyés à nos propres fragilités. Nous aussi, nous nous sommes construit une représentation de la bonne santé, des causes de la maladie et de ce qui favorise un « retour à la santé ». Certaines de ces représentations sont issues de notre milieu social, de notre culture, de notre religion ou de notre propre expérience de la souffrance. D'autres ont pu nous être inculquées durant notre formation.

Un exercice toujours bénéfique consiste à prendre conscience de nos propres représentations et de notre façon de les mettre en œuvre dans notre pratique. Dans tout accompagnement, nous nous appuyons sur un référentiel, c'est-à-dire un ensemble de représentations et d'attitudes censées nous aider à interpréter des signes (ou des symptômes), à approcher une personne souffrante de façon juste et à l'accompagner dans son expérience de fragilité. Ce référentiel nous sert de cadre pour entrer en relation avec la personne en demande et assurer la plus juste approche de celle-ci. Toutefois, ce cadre n'en est qu'un parmi d'autres, il n'est pas exhaustif et n'a pas la même pertinence dans toutes les situations. On le vérifie au cas par cas, et à plus forte raison quand il existe une importante différence socioculturelle ou religieuse entre les personnes en présence. Ce n'est pas sans raison que chaque religion a ses aumôniers et que ceux-ci sont rarement polyvalents.

Respecter le mystère de l'autre

Il est donc important de garder une attitude de profonde humilité face au mystère de la personne aidée et un regard distancié par rapport au référentiel dont nous nous servons. En tout accompagnateur débutant sommeille un sauveur, habité par la tentation de fournir une solution ou une réponse satisfaisante dans toutes les situations. Avec l'expérience, nous découvrons un certain nombre de réalités telles que : c'est le patient qui a la meilleure perception de son propre état ; la souffrance de l'autre nous sera toujours inaccessible ; le silence accompagné d'un geste est parfois plus important que toute parole de consolation, etc. Nous découvrons aussi l'importance de la justesse dans ce type de relation : arriver à être suffisamment concerné pour ressentir de l'empathie, et assez distancié pour ne pas se laisser envahir par une souffrance qui ne nous appartient pas. C'est aussi oser nous rendre vulnérable. Nous avons vu que la vulnérabilité n'était pas la fragilité et qu'elle nous demandait d'être assez « fort », d'avoir été suffisamment loin dans l'apprivoisement de nos propres fragilités pour nous exposer à la fragilité de l'autre sans nous laisser déstabiliser ou détruire par elle. Sans doute est-ce aussi une grâce à demander.

C'est ici que nous sommes confrontés à la dimension culturelle de la distance dans l'accompagnement. Se déplacer vers les représentations de l'autre risque de nous mener très loin et de nous inquiéter si la personne offre des explications perçues comme incohérentes, magiques ou occultes. Notons que ce déplacement vers son monde de références n'implique pas que nous y adhérions, mais que nous décidions d'entrer dans sa cohérence pour mieux comprendre quelle est la vraie souffrance qui l'habite. Cela nous effraie parfois. En effet, il y a aussi de l'étrangeté en nous. Des questions non résolues. Des moments de profonde impuissance – et c'est bien ainsi. Pour un chrétien, c'est le rappel que ce n'est pas lui qui a la solution, qu'il ne s'est pas envoyé lui-même et que c'est dans la mesure où il est docile à l'Esprit qu'il peut vivre des moments de fécondité qui le dépassent. Jaillissent alors de son cœur l'action de grâce et la louange.

À ce propos, je voudrais dire un mot de la liberté intérieure dans l'accompagnement de la fragilité. Dans une relation d'aide, elle devrait nous aider à une *désappropriation*, tant par rapport à la *relation* elle-même que par rapport au *résultat* de l'interaction. Il est utile de pratiquer régulièrement une relecture – seul ou à plusieurs – de la justesse de notre comportement (tout en tenant compte du fait que nous ne sommes pas maîtres de notre inconscient). Vécue le plus consciemment et le plus régulièrement possible, cette pratique – qui est aussi une attitude spirituelle – nous permet de mieux prendre la mesure de ce qui dépend effectivement de nous mais aussi de ce qui nous échappe dans une relation d'aide. Cette prise de conscience nous renvoie à l'humilité et à la responsabilité. Elle suppose aussi une démaîtrise et une référence à cette réalité ultime : je ne suis pas à ma propre source ni ma propre fin. Je suis sans cesse invité à laisser Dieu être Dieu.

Voici quelques critères d'une croissance (ou d'une maturation) de la vie intérieure ou spirituelle, qui peuvent nous aider à évaluer notre attitude profonde. Un premier critère est une croissance de notre liberté intérieure, tant par rapport aux requêtes narcissiques de notre *ego* toujours insatisfait de pouvoir, d'avoir et de savoir, que par rapport aux pressions de mise en conformité provenant de notre environnement à tous les niveaux. Un deuxième critère pourrait être une gratuité plus grande dans nos relations, où l'autre est de moins en moins utilisé au service de notre bonheur et de notre épanouissement, mais reconnu pour lui-même et respecté comme tel. Le consentement à la réalité constitue encore un autre critère. Il peut recouvrer deux acceptions : soit nous assumons notre responsabilité en nous attaquant seul ou avec d'autres à ce qui doit et peut être changé ; soit nous acceptons la réalité de notre situation existentielle avec tout ce qu'elle peut avoir de douloureux, d'humiliant, ce qui revient parfois à « accepter l'inacceptable » (maladie chronique, vieillissement, deuil, échec...). D'un point de vue chrétien, ces trois critères ont pour référence l'être et l'agir du Christ lui-même, qui s'est dépouillé pour devenir semblable à l'homme tout en respectant totalement sa liberté. C'est lui le modèle de la relation d'aide et de la gratuité dans la compassion : relisons les rencontres avec Zachée, Matthieu, la Samaritaine, Marie-Madeleine, etc.

Par ailleurs, découvrir du mystère en nous et en l'autre renvoie à un insondable, à cette part qui nous échappe et qui n'est pas seulement une part d'ombre. Cette découverte nous révèle que jamais nous ne ferons le tour de l'autre – surtout s'il est d'une autre culture ou d'une autre religion –, ni de notre propre existence. Nous échappons sans cesse à nous-même et l'autre nous surprend. Il existe une réelle tentation de toute-puissance dans le fait de vouloir percer le mystère de l'autre (le sien aussi d'ailleurs, ou encore celui de Dieu), pour le contrôler, le diriger, parfois le « guérir »... Le risque de vouloir répondre à ses questions à sa place peut se manifester ici aussi, particulièrement quand ses représentations sont différentes des nôtres.

Le sentiment de toute-puissance peut s'emparer de la liberté de l'autre, qu'il se situe chez l'aidant « sauveur », chez la personne aidée, tiraillée par ses attentes parfois illimitées, ou qu'il prenne sa source dans leur conception d'un Dieu aux pouvoirs démesurés. À ce propos, il nous faut garder à l'esprit que si nous avons acquis une compétence et un savoir provenant de notre formation et de notre pratique, le patient aussi possède un savoir sur sa fragilité ou sa pathologie. Un savoir auquel nous n'avons que partiellement accès, qui provient de sa familiarité avec un quotidien perturbé et de sa façon de le gérer avec plus ou moins de justesse. Une soignante devenue patiente écrivait qu'elle avait plus appris sur la relation soignant/soigné en cinq ans de soins reçus qu'en vingt ans de pratique.

Pour que nous n'épuisions pas nos ressources spirituelles, psychologiques ou morales, ou pour que nous ne nous en coupions pas, il importe que notre pratique fasse grandir en nous, et entre nous et la personne accompagnée, un espace de vie et d'ad-venir. En effet, nous sommes appelés à utiliser notre compétence avec le maximum de responsabilité, mais il est nécessaire qu'un « ad-venir » puisse se déployer. Un sentiment d'impuissance peut nous envahir parfois, soit à cause d'un manque de disponibilité personnelle, soit parce que le vis-à-vis paraît inaccessible ou même incohérent, ou que nous avons l'impression que la situation nous dépasse.

À ce moment-là, il est certain que notre référentiel et le respect du cadre sont d'un grand secours pour maintenir un minimum de relation et d'objectivité. Cependant, il peut être fructueux d'accepter qu'il est inutile de s'acharner à puiser dans notre « boîte à outils ». Au lieu de parasiter l'écoute par la volonté de trouver une réponse à tout prix, mieux vaut accueillir ce sentiment d'impuissance dans un espace de liberté et de silence intérieur. Alors, de nos profondeurs, peut émerger une image, une attitude, une parole, une lumière qui nous donnent l'impression que quelque chose est « ad-venu », comme un don... Et nous nous surprenons nous-même en prononçant une parole juste qui a émergé en nous, de nous peut-être, de Dieu souvent, et qui se donne à dire. Subtil dialogue entre nos inconscients ? Inspiration de l'Esprit-Saint ? Encore faut-il apprendre à pratiquer une écoute intérieure...

En effet, dans quelle mesure est-il possible de déployer cet espace de liberté et de silence, si nous n'avons pas appris nous-même à rester en silence, au contact de nos propres profondeurs, sans avoir commencé à apprivoiser ce mélange d'obscurité et de lumière que nous sommes tous ? Comment accéder à cette part de lumière en nous et éviter de nous laisser envahir par la part d'obscurité ou d'ombre qui remonte avec d'autant plus de force que nous nous sentons en situation de faiblesse ou d'impuissance devant une altérité qui nous échappe ? C'est pourtant la condition pour rejoindre notre source intérieure, et elle se libère d'autant plus librement que la maturation de notre cheminement spirituel correspond aux critères mentionnés plus haut. C'est dans le cœur profond que l'Esprit murmure : « Viens vers le Père. »

Qu'offre l'Église pour rejoindre les gens dans leur traversée de la fragilité et sur le chemin de leur croissance intérieure ? Non seulement elle propose un accompagnement dont il a déjà été question, mais elle offre également un soutien sacramentel et communautaire appelé à s'inscrire dans l'ensemble de la démarche de soin.

XII

Un accueil sacramentel de la fragilité

« J'étais malade et vous m'avez visité » (Matthieu 25, 36). « Si l'un de vous est malade, qu'il fasse venir les Anciens de l'Église » (Jacques 5, 14). C'est en réponse à ces invitations de la Parole de Dieu que l'Église propose des démarches sacramentelles particulièrement propices au soutien, à la consolation et parfois à la guérison de ceux qui sont dans la fragilité. Cette réponse n'est pas facultative mais représente une responsabilité et une obligation pour les communautés chrétiennes. À cette occasion, elles peuvent découvrir qu'il ne s'agit pas seulement de se soucier des malades, mais aussi de recevoir et d'apprendre d'eux. En effet, du cœur de leur épreuve, ils nous rappellent à la fois notre destinée et notre vocation. Nous sommes des créatures limitées et mortelles et il ne faut pas fuir cette réalité. Or, nous avons aussi en nous des trésors de compassion que la fragilité des autres nous révèle parfois dans l'étonnement d'une rencontre.

Les rites au secours de la santé

La santé, la maladie et la guérison représentent des réalités infiniment complexes qui marquent toute vie humaine. L'humanité, depuis les origines, a essayé de les apprivoiser, non seulement par de multiples tentatives de soin mais aussi par des rituels de protection, d'intercession, de purification, de guérison... En effet, l'être humain est marqué par la temporalité, l'usure du corps et les étapes de la vie, donc par des rythmes. Or, qui dit rythme, dit rite. Le rôle du rite est de marquer les rythmes de la vie en célébrant des passages, en institutionnalisant des étapes, qu'elles soient propres à la vie humaine ou à la succession des saisons (suivant les grands mouvements cosmiques liés à la lune ou au soleil).

La santé aussi a ses rites référencés, depuis les cérémonies des guérisseurs traditionnels en passant par les rituels thérapeutiques contemporains de la biomédecine ou de la psychanalyse. On relève d'abord les rites de consultation, suivis par ceux du quotidien de l'hospitalisation et, parfois, par les grands-messes des blocs opératoires. Tous et tout s'y retrouvent : les « prêtres », les assistants, les gestes plus ou moins sacralisés, les symboles, les interdits, jusqu'à restaurer parfois les oppositions entre le pur et l'impur... Ici aussi, croyances et « garants de l'orthodoxie » sont sollicités.

Au sein de cet univers ritualisé, le rôle des religions est désormais officiellement reconnu en milieu hospitalier. Dans une vision intégrale – holistique – de la santé, on reconnaît que les « secours de la religion » peuvent concerner prioritairement les personnes fragiles et, même, avoir un rôle à jouer dans le soin. Sans oublier que nombre de soignants, confrontés, au quotidien, à la souffrance et à la mort, ressentent parfois le besoin de puiser dans ces ressources. La dimension religieuse ou spirituelle apporte du sens et du réconfort et ouvre ainsi à une transcendance. L'être humain n'est pas qu'une biologie ou un composé psychosomatique : il est un être de raison et de sentiment ouvert à l'absolu et à la relation. Elle rappelle aussi que l'action médicale elle-même tire son origine et reçoit sa signification d'une source qui élargit à l'infini les souffrances et le souci immédiat de la personne fragile, qui les élargit aux dimensions de Dieu et de l'ensemble de la communauté humaine.

Plus il se sent fragile, plus l'être humain multiplie les rites, retombant parfois dans une mentalité magique. Or, paradoxalement, en humanisant la maladie – faute de pouvoir toujours la guérir –, les rites religieux ouvrent sur le divin et même sur l'éternité. Le corps n'est décidément pas le tout de l'homme. Bien plus, d'un point de vue chrétien, tout ce qui touche à l'homme – créé à l'image, comme à la ressemblance de Dieu – affecte Dieu lui-même, son créateur et Père. À la fin des temps, le Christ rappellera qu'il était dans chaque personne fragile : « Ce que vous avez fait à l'un de ces plus petits de mes frères, c'est à moi que vous l'avez fait » (d'après Matthieu 25, 35-40).

En effet, en rejoignant un être fragile dans sa soif de compassion et en l'ouvrant à un ailleurs, le rite permet à la fragilité de devenir source de sens. Les symboles renvoient à une fécondité qui ouvre sur l'invisible. Car un rituel chrétien invite à accueillir et à vivre en relation ce qui habituellement entraîne la rupture de la relation. En effet, la souffrance enferme souvent dans le mutisme ou, à l'inverse, s'exprime dans une débauche de mots. Elle coupe aussi le rapport à Dieu, un Dieu jugé absent ou inefficace. Grâce au rite, qui est une démarche communautaire et une médiation de la grâce, une porte s'ouvre vers l'espérance, vers d'autres possibles. Le rite permet aussi l'expression de l'angoisse et l'accueil d'une consolation. Lorsque, durant l'eucharistie, comme l'écrit saint Paul : « (Nous annonçons) la mort du Seigneur jusqu'à son retour » (1 Corinthiens 11, 26), nous proclamons déjà que la mort n'aura pas le dernier mot.

Un rite vécu magiquement est différent des rites tirés de la Bible, en ce que ceux-ci ne sont pas centrés uniquement sur l'homme souffrant qui veut être libéré immédiatement et automatiquement de son mal, tenté ainsi par le déni et la toute-puissance. Il ouvre à la présence de Dieu.

C'est ce que montre la scène du serpent d'airain élevé dans le désert durant l'exode du peuple juif (Nombres 21, 5-9). Yahvé, ayant envoyé des serpents mortels aux juifs pour qu'ils réalisent la gravité de leur faute, déclare : « Quiconque aura été mordu (par un serpent mortel) et le regardera, restera en vie. » Ce rite ouvre à l'avenir par la promesse : « Tu resteras en vie. » Xavier Thévenot fait remarquer que les Hébreux révoltés contre Dieu auraient préféré être débarrassés des serpents envoyés[1]. Certes, le

1. Xavier Thévenot, « Guérison, salut, vulnérabilité », in *La Maison-Dieu*, 217, 1999/1.

danger des serpents aurait alors été écarté, mais pas, pour autant, la tentation de la révolte contre Dieu et du refus de lui faire confiance. En disant à Moïse de forger ce serpent d'airain, Dieu ne supprime pas la fragilité de ceux qui l'appellent au secours. Le péril est toujours là et les serpents restent mortels. Il ne les pousse pas non plus à occulter la possibilité de la mort, qui fait partie de leur condition. Au contraire, Il leur demande de regarder en face le serpent dangereux, non plus avec terreur, mais dans un mouvement de confiance : le regard qui se pose sur le serpent d'airain rappelle alors la promesse : « Si tu me fais confiance, tu resteras en vie... »

C'est le contraire du récit de la Genèse où la rencontre avec le serpent est fatale. Car celui-ci invite les premiers humains à prendre la place de Dieu, au risque de la rupture définitive. Ici, l'humble démarche de la foi permet de surmonter la tentation de la toute-puissance et de rappeler la racine du péché : le soupçon porté sur Dieu censé vouloir la mort de l'homme alors qu'Il l'appelle sans cesse à la vie (Deutéronome 30, 19).

Pour le chrétien, c'est vers le Christ, élevé sur une croix cette fois, que les regards sont invités à se tourner. C'est à lui que nous sommes invités à donner notre confiance. À celui qui a crié : « Mon Dieu, pourquoi m'as-tu abandonné ? », « la vulnérabilité d'un supplicié criant sa détresse et son questionnement devient source de foi vivifiante. Véritable folie pour la sagesse des Grecs[2] » (1 Corinthiens 1, 23).

Or, la résurrection du Christ n'a pas anéanti sa vulnérabilité. Tout d'abord, c'est à travers l'obscure clarté d'une foi toujours vulnérable qu'il est reconnu ressuscité. Ensuite, les plaies de sa Passion sont autant d'invitations à faire mémoire des conditions de notre libération de la mort : l'exécution d'un innocent nous rappelle notre capacité à pervertir notre liberté jusque-là. Enfin, comme le rappelle le Jugement dernier qui vient d'être évoqué, le Ressuscité s'offre de façon privilégiée sous les traits des plus fragiles : les affamés, les assoiffés, les malades, les étrangers... Il

2. *Ibid.*

s'est identifié définitivement à ceux que nous sommes les premiers tentés d'ignorer et d'exclure volontairement parce qu'ils nous renvoient à nos propres fragilités et aussi à notre besoin de salut.

Ainsi, que ce soit par le rite du serpent d'airain ou par la célébration de la croix victorieuse, nous nous souvenons que, sans poser un acte de confiance en Celui qui est source de toute vie et vainqueur de la mort, notre fragilité risque fort d'être vécue uniquement comme un scandale et une mutilation en opposition avec notre rêve trop humain de santé éternelle.

Inscrire le sacrement dans l'ensemble d'une expérience humaine

C'est dans cette perspective que nous pouvons considérer maintenant les propositions de sacrements pour les malades, dans l'esprit d'une « relecture sacramentelle de l'existence chrétienne[3] ». Il sera question ici de l'onction des malades mais cette réflexion peut aussi bien s'appliquer à un approfondissement du sens des sacrements de l'eucharistie et de la réconciliation. Le risque existe non seulement de réduire la sacramentalité de l'Église aux sept sacrements, mais aussi de limiter le soutien sacramentel des malades à la seule célébration de l'onction, que d'aucuns continuent de qualifier d'« extrême ».

Pour saint Augustin, le premier, le seul sacrement, c'est le Christ, visage humain de Dieu auquel il renvoie en tant que chemin, vérité et vie. « Qui me voit, voit le Père, dit Jésus à Philippe » (Jean 14, 8-9). Le second est l'Église, sacrement de salut pour le monde qui annonce le Royaume de tout son être. C'est à partir de cette double condition originaire que peuvent être définis les sept sacrements, écrit Louis-Michel Renier[4]. Dans

3. Louis-Marie Chauvet, cité par Louis-Michel Renier dans « Les sacrements des malades dans l'œuvre commune de santé », *in La Maison-Dieu*, 217, 1999/1, p. 51-68. Cette partie de ce chapitre s'inspire de cet article.

4. *Ibid.*

un article dont le titre précise bien l'objectif, il situe l'onction des malades à la fois dans le contexte d'une *approche holistique* de la santé et de la maladie, et dans le *partenariat* qu'il tient à promouvoir entre les aumôniers et autres représentants des religions, les personnels de santé et les familles. Ces deux dimensions, en humanisant les rituels, permettent de rendre compte de la spécificité et de la complémentarité de la démarche sacramentelle chrétienne, ouverte au contexte plus large du soin et du soutien des personnes fragiles.

L'enjeu est d'inscrire l'accompagnement spirituel et les rituels dans un partenariat avec le personnel soignant et les familles. Certains soignants en milieu hospitalier en sont convaincus et collaborent activement avec les aumôneries. Informés de la religion et des attentes d'un malade, ils favorisent le contact avec celles-ci. D'autres perçoivent la présence des aumôniers ou des bénévoles comme un obstacle à la bonne marche du service, surtout quand les restrictions budgétaires les obligent à accélérer les cadences. Cela dépend aussi en grande partie du regard que l'on pose sur une personne malade et de la conception que l'on a du soin, un regard réduit à l'aspect matériel ou ouvert à l'angoisse et à la fragilité du malade en quête d'écoute et de consolation.

En effet, une personne malade est touchée dans toutes ses dimensions par l'expérience de la fragilité. Le corps reste bien sûr prioritaire et le premier acte à poser doit calmer la douleur. Celle-ci retentit négativement sur les autres dimensions de l'être humain. Mais qui dit corps dit aussi temporalité, et on sait que la maladie génère souvent une altération du rapport au temps qui peut déboucher sur de l'angoisse. Ensuite, nous avons vu que la maladie modifiait la relation aux autres et à la parole. Ce phénomène est souvent lié à une crise d'identité.

Une autre relation qui se modifie est celle que le patient entretient avec le monde et le cosmos. Introduit dans l'univers étrange du milieu hospitalier, il perd ses repères familiers. Ce traumatisme culturel – surtout si le malade n'est pas de culture occidentale – s'ajoute à la pathologie biologique ou psychique.

Quant à la relation à l'Église, elle peut se révéler plus ténue qu'il n'y paraissait. Certains découvrent qu'une fois absents des assemblées ou réduits à l'incapacité de rendre les services habituels, ils comptent moins pour leur communauté qu'ils auraient pu l'espérer. Enfin, il y a la relation au divin, à l'invisible ou au Dieu personnel. Nous avons vu que l'expérience de la fragilité pouvait entraîner une crise de la foi et de l'espérance, allant parfois jusqu'à l'abandon de toute pratique religieuse. On comprend alors que la guérison de la relation à Dieu soit déterminante dans une démarche spirituelle.

Dans le contexte d'une approche intégrale de la santé, une conception de la sacramentalité où toute médiation humaine est reconnue comme expression du don de Dieu est la bienvenue. Louis-Michel Renier souhaite « accueillir tous les gestes d'humanité, même ceux des non-croyants [...] comme des éléments susceptibles d'aider la personne vulnérable à découvrir la présence de l'Esprit à l'œuvre dans toute réalité humaine. Le partenariat trouve ici toute son importance[5] ». C'est dans ce souci premier d'aider le malade à retrouver goût à la vie que l'ensemble des acteurs pourraient se retrouver – à cette profondeur – au même diapason.

Qu'en est-il de la démarche sacramentelle ? Dans la présentation du rituel de l'onction des malades, on note un élargissement de la démarche proprement sacramentelle à l'expérience humaine. Cette évolution rejoint le besoin de partenariat noué autour du souci d'être présent auprès de celui ou celle qui n'en peut plus de vivre. D'où l'importance d'introduire au cœur de la démarche spirituelle toutes les médiations qui participent à la guérison et au salut. La spécificité de l'aumônerie consiste à « permettre de découvrir qu'il peut exister une différence entre le guérir et le sauver », comme nous l'avons noté à propos des dix lépreux. Il s'agit de « croire que, par-delà la maladie, guérison physique ou non, peut exister une résurrection, celle offerte par

5. *Ibid.*, p. 57.

Dieu quoi qu'il arrive[6] ». Dans ce cas, l'expérience de la fragilité peut donner accès à un sens nouveau, à une sorte de seconde naissance (exprimée parfois par une nouvelle maturité ou une espérance plus vive).

Une multitude de signes porteurs de vie sont offerts par l'entourage d'un malade : ils peuvent donner sens à son épreuve et, peut-être, à la mort qui approche. C'est ce qui se vit de plus en plus dans les soins palliatifs. Les aumôniers aussi peuvent proposer ce qui leur tient à cœur, sans que cela relève forcément d'un rituel, car tout le monde n'y est pas prêt. Tout ce qui exprime la proximité, l'écoute, le respect, le réconfort ainsi que toutes les formes de prière, de dévotion, de célébration de la Parole sont significatifs de la compassion de Dieu exprimée par son Église. Une approche globale du soin et de la personne crée un cadre favorable à une prise en compte de l'ensemble de la sacramentalité de l'existence. Cette approche est d'autant plus nécessaire à une époque où un nombre croissant de chrétiens sont dans des situations – souvent dues aux blessures de la vie – qui, à cause d'une irrégularité canonique, ne les autorisent plus à recevoir le secours des sacrements.

Le rituel de l'onction des malades propose heureusement une grande diversité de signes, sacramentels ou non. Tous sont ordonnés à la consolation et rappellent que, malgré tout, une vie reste possible avec le soutien de la grâce, jamais refusé. Il est important que les signes proprement sacramentels – communion, réconciliation, viatique – soient reliés aux autres signes, de simple humanité parfois, qui proviennent de l'entourage. La célébration sacramentelle sera d'autant mieux mise en valeur et elle évitera une ritualité magique ou fonctionnelle. Sans quoi le rite risque de rester extérieur et isolé. L'onction des malades prend aussi plus de sens quand elle s'inscrit dans un ensemble de démarches de visites, d'accompagnement, de présence fidèle, qui s'ajoute au soin. Alors, elle célèbre et soutient le combat de la vie – mené jusqu'à la mort – avec toute la communauté soignante, les béné-

6. *Ibid.*, p. 58.

voles et les aumôniers. Elle signifie aussi qu'au-delà du réconfort humain apporté par toutes ces médiations, la grâce de Dieu rejoint le malade pour l'ouvrir à une plénitude de vie dont l'horizon n'est pas terrestre. Elle élargit le temps et l'espace pour nourrir ce combat et ouvrir à une espérance, quoi qu'il arrive.

Un chemin de réconciliation

Parce qu'elle symbolise et célèbre la sollicitude du Christ qui a toujours privilégié les plus fragiles, l'onction des malades peut favoriser des réconciliations de toutes sortes : « la réconciliation du malade avec son propre corps, la restauration de sa communication avec le monde et le cosmos, enfin l'intégration de sa finitude et de sa possible mort. Il s'agit en fait de célébrer la réunification d'un certain nombre d'éléments avec lesquels le malade a pu se trouver comme en rupture ou à distance, cette réunification prenant en ce moment précis une signification nouvelle[7]. » Il se trouve convié à un consentement qui dépasse sa guérison immédiate. On a constaté qu'un tel mouvement intérieur, ainsi qu'un apaisement de l'angoisse, pouvait provoquer une amélioration aux plans biologique et psychique. Appelé à une communion plus large que celle à laquelle il était habitué, le malade n'est pas tenté de s'enfermer, il peut vivre une restauration de son identité personnelle.

L'usage de l'huile met en valeur la dimension concrète du sacrement qui prend en compte toute la personne, à commencer par sa corporéité. L'huile renvoie aussi au baptême du malade, à son appartenance à la communauté chrétienne et à tout le diocèse, puisqu'elle a été bénie par l'évêque lors de la messe chrismale du Lundi Saint. Elle est aussi une allusion à l'embaumement qui a précédé la mort-résurrection du Christ, sa victoire définitive sur la mort.

7. *Ibid.*, p. 65.

Cette démarche sacramentelle inclut – au nom même de l'incarnation – une demande de guérison, qu'elle soit physique, psychique ou sociale. On l'a trop longtemps oublié, alors qu'elle remonte aux plus anciennes traditions de l'Église. Elle devrait aussi permettre au malade d'ouvrir sa demande de guérison à l'accueil d'un salut qui n'est pas lié à des résultats immédiats et visibles. Elle est ouverture vers une vie « autre ».

L'onction faite sur le front et les mains signifie symboliquement que la tendresse de Dieu rejoint la personne et la touche dans tout son corps, dans son histoire, qui a marqué celui-ci et dont il est la mémoire, dans toutes ses relations dont la bienveillance lui a permis de vivre ou qui l'ont blessé. Elle libère l'Esprit dans les profondeurs de son cœur en lui rappelant que le Christ l'a précédé dans toutes ses souffrances et qu'en lui, il est déjà ressuscité. Nombreux sont ceux qui ont été émus par le rayonnement émanant du visage de malades ayant reçu cette onction divine dans la foi et l'abandon, fruit de l'œuvre de l'Esprit qui assouplit ce qui est rigide et rend le corps déjà lumineux de la promesse.

La vertu curative de l'huile de l'onction sainte qui était appliquée et bue par les premiers chrétiens est attestée depuis très longtemps. Le passage suivant d'une prière datant du IVe siècle et qui était prononcée le Jeudi Saint en fait foi.

> « Et que ta sainte bénédiction soit pour quiconque s'en oint, l'absorbe ou se l'applique, un remède du corps, de l'âme et de l'esprit, pour chasser toute douleur, toute faiblesse, toute maladie de l'esprit et du corps, [elle] dont tu as oint les prêtres, les rois, les prophètes et les martyres, ta bonne huile d'onction, bénite par toi, Seigneur, demeurant dans nos entrailles, au nom de notre Seigneur Jésus-Christ. Par qui tu crées toujours, Seigneur, tous ces biens... »
>
> Tradition apostolique,
> *Emitte* dans le Sacramentaire gélasien

Grâce aux sacrements de l'onction des malades, de la réconciliation et de l'eucharistie, l'Église peut jouer un rôle important dans le processus de guérison ou d'acceptation de la fragilité. Plus il y aura de collaboration avec les soignants et les familles, plus la démarche sacramentelle s'inscrira dans l'ensemble des pratiques de soin et de soutien moral du patient, plus les sacrements réaliseront la finalité pour laquelle ils ont été fondés : être signes et moyens efficaces d'un salut qui manifeste la tendresse privilégiée du cœur de Dieu pour les plus fragiles.

En guise de conclusion

Les pages qui précèdent veulent dessiner un horizon d'espérance, responsable et réaliste. Est-il possible de traverser la fragilité ? Si oui, comment ? Cela signifie-t-il que nous serions alors libérés de toute fragilité ? Est-ce vrai que le mal n'est pas fatal, que la mort n'aura pas le dernier mot ? Oui, il existe des raisons d'espérer. Peut-être l'avons-nous expérimenté : il existe beaucoup plus de ressources en nous-même que nous le pensions avant de rencontrer cette grave épreuve. Oui, quand un pauvre crie, Dieu écoute et il ne nous abandonne pas à nos fragilités. Sa compassion est sans condition et sans limites. Cependant, il nous a créés libres et responsables et il ne nous dispense pas de nos choix de vie et de nos décisions de confiance.

Mais comment croire à la proximité de Dieu du cœur d'une épreuve qui menace notre identité et nous prive de notre autonomie ? Comment accompagner l'autre dans sa fragilité en le respectant et en évitant un discours tout fait sur la volonté de Dieu, sa toute-puissance, les croix qu'Il enverrait ou les guérisons qu'Il suffirait de demander ? Aux souffrances physiques, psychiques et morales, s'ajoutent alors tant de souffrances dues à un discours insupportable sur un Dieu qui contrôlerait tout. Nous écraserait-il d'une main pour nous soulager de l'autre ? Maurice Zundel a raison quand il écrit : « Nous devons protéger Dieu contre nous-mêmes. » Qu'avons-nous fait de Lui ?

Alors, que retenir de tout cela ? Tout d'abord que Dieu est Père, que nous sommes ses enfants bien-aimés et qu'Il nous aime d'un amour inconditionnel. Sa joie est que nous nous laissions aimer sans chercher à mériter son attention. Ensuite, qu'Il est vulnérable à ce qui nous blesse et nous défigure, comme Il a été touché par le supplice de son Fils. Il l'a ressuscité et déjà nous le sommes avec Lui, même s'il nous faut encore apprendre à nous laisser aimer. Il n'est pas à l'origine de la souffrance, même s'il nous est difficile d'accepter qu'il n'y ait pas d'explication au mal. Nous ne pouvons que le combattre avec la force de son Esprit. Il nous a aussi appris, par la vie et la mort de son Fils, qu'Il aime de façon privilégiée le plus petit et le plus pauvre, auquel Il s'est identifié.

Que nous demande-t-Il alors, du cœur de nos fragilités ? Que nous cessions de L'accuser mais que nous décidions de Lui faire confiance malgré toutes les apparences de silence, d'éloignement ou d'inaction. Que nous essayions de nous laisser aimer par Lui et ceux qu'Il nous envoie pour être des icônes de sa tendresse. Il est à l'œuvre par son Esprit dans nos cœurs, dès que ceux-ci s'entrouvrent dans un balbutiement de confiance. Il est aussi présent à côté de nous par toutes ces médiations que sont les soignants, les aumôniers, les visiteurs, les amis. Il agit aussi par ces autres médiations que sont les sacrements, la communauté chrétienne, sa Parole, sa création remplie de moyens pour soigner et guérir. Mais Il ne peut agir malgré nous ou contre nous, Il nous demande de collaborer dans la confiance.

J'ai aussi voulu montrer que Dieu passe par des communautés de compassion, de guérison et de réconciliation. Quelle crédibilité l'Église peut-elle espérer dans l'annonce de la Bonne Nouvelle si elle ne donne pas la première place aux plus fragiles ? Non seulement par des institutions hospitalières et à travers des visiteurs de malades, mais aussi par la façon de reconnaître la valeur des personnes en situation de handicap ou de détresse. Ont-elles réellement une place privilégiée dans nos assemblées et nos projets ? Pourquoi ont-elles alors si souvent l'impression de déranger, d'être de trop ? Alors qu'elles ont tant à nous apporter du cœur même de leur épreuve. Certaines souffrent de voir que des personnes veulent parfois les guérir contre leur gré. Comment expliquer qu'elles ont tant de mal à trouver une main ou une oreille secourables de façon gratuite ?

Immergée dans une société sans cesse tentée par l'eugénisme et l'égoïsme, comment l'Église peut-elle être encore mieux un signe de contradiction, de façon prophétique, pour rappeler que « tout homme est une histoire sacrée » ? Que toucher à l'homme, c'est porter atteinte à Dieu ?

C'est surtout aux communautés chrétiennes que je voudrais m'adresser en terminant ce livre : dans un monde marqué par l'individualisme et le matérialisme, tenté par l'obligation d'excellence et le rejet de la fragilité, comment montrer que non seulement celle-ci fait partie de toute vie humaine, mais qu'elle est un lieu privilégié de sortie de soi, de solidarité, à condition que chacun soit accueilli et reconnu dans toute sa dignité, quelle que soit sa pathologie ou son passé ? Cette attitude fondamentale de bienveillance et de compassion, nous ne pourrons la vivre pour les autres que si nous nous l'appliquons à nous-mêmes... Que d'intolérance pour les autres car nous refusons notre propre fragilité ! La première grâce à demander n'est-elle pas, en définitive, celle de nous réconcilier avec nous-même et avec Dieu ? Alors peut-être serons-nous capables d'aimer les autres – comme nous-même –, et comme Dieu les aime ; avec une infinie tendresse.

C'est ce que disait déjà saint Paul à qui je voudrais laisser le dernier mot :

> « Frères, sœurs, que votre amour soit sans hypocrisie. Fuyez le mal avec horreur, attachez-vous au bien. Soyez unis les uns aux autres par l'affection fraternelle, rivalisez de respect les uns pour les autres. Ne brisez pas l'élan de votre générosité, mais laissez jaillir l'Esprit ; soyez les serviteurs du Seigneur. Aux jours d'espérance, soyez dans la joie ; aux jours d'épreuve, tenez bon ; priez avec persévérance. Partagez avec les fidèles qui sont dans le besoin, et que votre maison soit toujours accueillante. (...) Soyez joyeux avec ceux qui sont dans la joie, pleurez avec ceux qui

pleurent. Soyez bien d'accord entre vous ; n'ayez pas le goût des grandeurs, mais laissez-vous attirer par ce qui est simple [1]. »

1. Romains 12, 9-16b. Traduction liturgique. À la fête de la visitation.

Table des matières